AF434421

"داعش" في سوريا والعراق

مستقبل التنظيم ومآلاته

د. حسنين توفيق إبراهيم
أستاذ العلوم السياسية بجامعة زايد
دولة الإمارات العربية المتحدة

ISBN 978-9948-04-391-1

Order No.: MC-02-01-2221535

توجه جميع المراسلات إلى العنوان الآتي:
مركز تريندز للبحوث والاستشارات
أبوظبي ـ دولة الإمارات العربية المتحدة
هاتف: 9712-6440464+

www.trendsresearch.org

مركز تريندز للبحوث والاستشارات

يعد مركز تريندز للبحوث والاستشارات مؤسسة بحثية مستقلة تأسس عـام 2014، ويهتم باستشـراف المستقبل في جوانبه الاستراتيجية والسياسية والاقتصادية، وتتبع القضايا العالمية المختلفة. كما يهـدف المركـز إلى تحليـل الفـرص والتحديات علـى مختلـف الصعد الجيوسياسـية الراهنـة، ومـا تحملـه مـن متغيـرات محتملـة، مـع محاولـة إيجـاد إجابـات وتفسـيرات علمية وموضوعية من شأنها المساهمة في التأثير في اتجاهات الأحـداث مـع مراعاة نواحي التحليل والنقد والاستشـراف.

ويقدم المركز من أجل تحقيق غاياته العلمية، دراسات رصينة ذات أبعاد استشـرافية مستقبلية، ويطرح أفضـل البـدائل الممكنـة لمسـاعدة صنّـاع القـرار في معرفـة التطـورات الإقليمية والدولية بشكل أعمق، والاستفادة مما توفره من فرص. كـما يقـوم المركـز برصـد الاتجاهات والتغييرات الاستراتيجيـة والاقتصاديـة والإقليميـة والدوليـة، بشكل أعمـق، والاستفادة مما توفره من فرص، والتنبؤ بآثارها المستقبلية، وذلك وفق الضـوابط العلميـة المتعارف عليها دولياً لدى أعرق مراكز التفكير والبحث العلمي.

المحـتـويات

ملخص تنفيذي

في أعقاب هزيمته العسكرية في كل من العراق وسوريا، ومقتل زعيمه أبو بكر البغدادي في أكتوبر 2019، استطاع تنظيم "داعش" التكيف بسرعة مع هذه المستجدات، حيث تمكن من إعادة تجميع صفوفه واستئناف أنشطته الإرهابية في البلدين. وفي يناير 2022، نفذ التنظيم عملية سجن الصناعة في حي غويران بمدينة الحسكة السورية. وتُعد هذه العملية الأكبر والأعنف له منذ سقوط آخر معاقله والإعلان عن هزيمته العسكرية في سوريا في مارس 2019. وفي 3 فبراير 2022، قُتل زعيم التنظيم أبو إبراهيم الهاشمي القرشي، حيث فجر نفسه إثر عملية عسكرية أمريكية استهدفت مقر إقامته بمحافظة إدلب في شمال غرب سوريا.

ويتمثل الهدف من هذا الكتاب في رصد وتحليل المظاهر والأسباب التي أدّت إلى تصاعد دور تنظيم "داعش" في كل من سوريا والعراق خلال عامي 2020 و2021، بالإضافة إلى استشراف مستقبل التنظيم في مرحلة ما بعد فشل عملية سجن الصناعة بحي غويران، ومقتل القرشي. وفي هذا الإطار، تقدم هذه الدراسة تحليلاً كميّاً وكيفيّاً للعمليات الإرهابية التي شنها التنظيم في سوريا والعراق خلال العامين الماضيين. كما أنها تحلل عملية سجن الصناعة من حيث خلفياتها ودلالاتها، وتناقش عملية مقتل القرشي من حيث أبعادها وتداعياتها.

وبخصوص استشراف مستقبل تنظيم "داعش" في سوريا والعراق، خلال الأجلين القصير والمتوسط، يتناول الكتاب بالتحليل والتقييم أهم العوامل أو المحددات المؤثرة في رسم ملامح هذا المستقبل، وبخاصة تلك المتعلقة بمآلات التحديات الكبرى والأزمات البنيوية التي يُعاني منها البَلَدان، والمتمثلة في: هشاشة الدولة، والفراغات الأمنية،

والأزمات السياسية والاقتصادية والاجتماعية الحادة والمتزامنة، فضلاً عـن التـدخلات الخارجية الكاسحة في شؤونهما الداخلية.

ومن محددات مستقبل التنظيم كذلك طبيعة وحـدود قدراتـه البشـرية والعسكرية والمالية في الوقت الراهن، ومستقبل أوضاع عشـرات الآلاف مـن سـجنائه، بالإضافة إلى مستقبل أطفال "داعش" الموجودين في عدد من السجون والمخيمات، والـذين يشكلون رصـيداً بشـرياً لـه بشكل من الأشكال. يُضاف إلى ذلك مدى استمرارية جهود مكافحة الإرهاب وفاعليتها في سوريا والعراق.

والنتيجة الرئيسية التي خَلُصَ إليها الكتاب مفادها أن تأثير عملية سجن الصناعة ومقتل القرشــي في مستقبل تنظيم "داعـش" سـوف يكـون مؤقتاً ومحـدوداً في أفضل الأحوال، ولا سـيما أن ثمة عوامل عديدة تعزز من قدرة التنظيم عـلى الاستمرارية. وفي ضوء ذلك، فإن "داعش" سـوف يظل يشكل مصدراً للتهديد، بدرجات متفاوتة وأشكال مختلفة، في كل من سوريا والعراق مادامت العوامـل والظروف التي تشـكل بيئـة مواتيـة لاستمراره قائمةً. ولكن من ناحية أخرى، لن يكون في استطاعته تكرار تجربة دولة الخلافة الإسلامية المزعومة (2014 – 2018)، حيث إن الظروف التي توافرت لـه في ذلك الوقت ومكّنته من تحقيق ذلك يصعب أن تتوافر له مجتمعةً مرة أخرى. ومن هنا، فإن الحرب ضـد التنظيم، سواء داخل سوريا والعراق أو خارجهما، سوف تكون طويلـة وممتـدة، ولا سـيما أنه تحول إلى شبكة جهادية إرهابية عابرة لحدود الدول.

مقدمة

في أعقاب الإعلان عن الهزيمة العسكرية لتنظيم "داعش" في كل من العراق (ديسمبر 2017) وسوريا (مارس 2019)، توقع بعض المراقبين أن ذلك يمثل نهاية للتنظيم. فالحملات العسكرية ضده على الساحتين السورية والعراقية دمرت قدراته العسكرية، وأدت إلى مقتل واعتقال الآلاف من مقاتليه، فضلاً عن تحرير الأراضي السورية والعراقية التي كانت تحت سيطرته، والتي كانت تعادل مساحة دولة في حجم بريطانيا تقريباً. ولكن مع مرور الوقت ثبت أن هذا الاستنتاج غير صحيح، وفي غير محله. فالتنظيم استطاع التكيف بسرعة مع هذه المستجدات. كما أنه استوعب بشكل لافت تداعيات مقتل زعيمه أبي بكر البغدادي في أكتوبر 2019، إذ تمت مبايعة أبي إبراهيم الهاشمي القرشي خليفة له بعد مرور نحو خمسة أيام على مقتله. وفي هذا الإطار، راح التنظيم يعزز من دور فروعه وخلاياه المنتشرة في عديد من دول العالم، وبخاصة في أفريقيا وآسيا، من ناحية، كما بدأ في إعادة تنظيم صفوفه داخل كل من سوريا والعراق، من ناحية أخرى. وقد مكنه ذلك من مواصلة تنفيذ هجمات إرهابية في الدولتين، تزايدت بشكل واضح اعتباراً من عام 2020. وكل هذه التطورات جعلته يحتل مجدداً صدارة المشهد الجهادي الإرهابي العالمي.

أولاً: في طرح الموضوع

في يناير 2022، نفذ تنظيم "داعش" عمليتين إرهابيتين نوعيتين كبيرتين في سوريا والعراق. استهدفت العملية الأولى سجن الصناعة بحي غويران في مدينة الحسكة السورية، والذي يضم – وفقاً لمصادر عدّة – ما بين 3500 و5000 سجين من عناصر التنظيم[1]. وقد

---

1. دأب كثير من الباحثين والمحللين والمعلقين على الإشارة إلى هذه العملية باسم عملية "سجن غويران". وهذا غير صحيح لأن ما تعرض للهجوم هو سجن الصناعة وليس سجن غويران. وكلاهما يقع في حي غويران بمدينة الحسكة السورية.

استمرت المواجهات المسلحة بين مقاتلي التنظيم وقوات سوريا الديمقراطية المدعومة من جانب التحالف الدولي لمحاربة "داعش" لأكثر من أسبوع. وتُعد هذه العملية الأكبر والأخطر للتنظيم منذ الإعلان عن هزيمته العسكرية في سوريا في مارس 2019. وأصابت العملية الثانية مقراً للجيش العراقي في محافظة ديالى الواقعة شمال شرق بغداد، وترتب عليها مقتل (11) جندياً، بينهم ضابط برتبة نقيب. وتدل العمليتان، وغيرهما من العمليات التي نفذها التنظيم، على أن حضوره قد أضحى مؤثراً في سوريا والعراق، وأن الحملات الأمنية التي استهدفت عناصره وخلاياه خلال العامين الماضيين فشلت في تقويضه. كما أن دوره في البلَدَيْن مرشح للاستمرارية خلال المستقبل المنظور، ولا سيما في ظل وجود مجموعة من العوامل المساعدة على خلق بيئة ملائمة لاستمرار، تمدد دور "داعش" وغيره من التنظيمات الجهادية الإرهابية، وعصابات الجريمة المنظمة.

كما سلطت عملية سجن الصناعة بحي غويران الضوء من جديد على عاملين مهمين وثيقي الصلة بمستقبل تنظيم "داعش":

يتمثل **أولهما** في "سُجناء داعش"، حيث يضم سجن غويران، وسجون عدّة أخرى في مناطق الإدارة الذاتية لشمال وشرق سوريا، قرابة (12.000) من عناصر التنظيم. ويشكل هؤلاء السجناء، الذين يحملون جنسيات أكثر من خمسين دولة، قنبلة موقوتة. وجاءت أحداث سجن غويران لتقدم دليلاً قوياً على ذلك.

أمّا **العامل الثاني** فيتمثل في "أطفال داعش"، والذين يطلق عليهم التنظيم اسم "أشبال الخلافة". فسجن غويران كان يضم حوالي (850) طفلاً، تتراوح أعمارهم ما بين (10) و(18) سنة. وبالإضافة إلى هؤلاء الأطفال، هناك عدة سجون ومخيمات أخرى، تتولى حراستها قوات سوريا الديمقراطية، تضم عشرات الآلاف من أقرانهم. وجميع هؤلاء الأطفال هم أبناء لمقاتلين من "داعش"، إمّا يقبعون في السجن، أو لقوا حتفهم خلال المواجهات المسلحة التي خاضها التنظيم، أو خلال العمليات الأمنية التي استهدفته. ويشكل هؤلاء الأطفال تحدياً كبيراً من منظور مستقبل تنظيم "داعش"، إذ تمت تنشئتهم

على الأفكار التكفيرية التي يتبناها التنظيم. كما أن السجون والمخيمات التي يعيشون فيها تمثل بيئات خصبة لاستمرار تعرضهم لعمليات غسل الدماغ من أمهاتهم وأعضاء التنظيم الأكبر سنّاً. وإن لم تتم معالجة أوضاع هؤلاء الأطفال اجتماعيّاً ونفسياً وقانونيّاً، فإنهم سوف يشكلون جيلاً جديداً من الإرهابيين، يكون بمنزلة رصيد بشري لتنظيم "داعش".

وفي 3 فبراير 2022، أي بعد أيام قليلة من تمكن قوات سوريا الديمقراطية من استعادة سيطرتها على سجن الصناعة بحي غويران، وذلك بعد تلقيها دعماً كبيراً من قوات التحالف الدولي لمحاربة تنظيم "داعش" بقيادة الولايات المتحدة الأمريكية، تم توجيه ضربة قوية للتنظيم، إذ أعلنت الولايات المتحدة الأمريكية عن مقتل زعيمه أبي إبراهيم الهاشمي القرشي، وذلك خلال عملية عسكرية نفذتها عناصر من العمليات الخاصة الأمريكية، استهدفت منزله الكائن في منطقة أطمة بمحافظة إدلب في شمال غرب سوريا. وبحسب البيان الذي أدلى به الرئيس بايدن بشأن هذه العملية، فقد فجر القرشي نفسه حتى لا يتم اعتقاله حياً، مما ترتب عليه مقتل عدد من الأشخاص الذين كانوا معه، بينهم نساء وأطفال.

وفي ضوء التطورات سالفة الذكر، فإن الهدف من هذا الكتاب هو رصد وتحليل مظاهر تصاعد دور تنظيم "داعش" في كل من سوريا والعراق خلال عامي 2020 و2021، والوقوف على أهم الأسباب التي أدت إلى ذلك. كما تسعى الدراسة إلى استشراف مستقبل التنظيم، وذلك من خلال رصد أهم المحددات المؤثرة في تحديد ملامح هذا المستقبل، وبخاصة بعد اغتيال زعيمه أبي إبراهيم الهاشمي القرشي، فضلاً عن بلورة أبرز السيناريوهات المحتملة لذلك.

وتأسيساً على ما سبق، يسعى الكتاب للإجابة على التساؤلات الآتية:

1. ماهي أهم العوامل التي أدت إلى تصاعد دور تنظيم "داعش" مجدداً في كل من سوريا والعراق، على الرغم من الإعلان عن الهزيمة العسكرية للتنظيم في البلدين؟

2. مـا المحـددات الحاكمـة، أو ذات التـأثير عـلى مسـتقبل تنظيـم "داعـش" في سـوريا والعراق؟

3. ما هي ملامح مستقبل تنظيم "داعش" وحدود دوره في كل من سوريا والعراق خلال المستقبل المنظور؟

ثانياً: الإطار النظري والتحليلي

ينطلق الكتاب في تناوله للموضوع من أطروحتين رئيسـيتين:

أولاهما، أنه على الرغم من أن تنظيـم "داعش" أضعف بكثير ممـا كـان عليـه خـلال فترته الذهبية بين عامي 2014 و2017، سواء من حيث السـيطرة على مساحات واسعة مـن الأراضـي مـن سـوريا والعراق، أو الإمكانيـات البشـرية والماليـة، أو القدرات العسكرية، إلا أنه لايزال يشكل مصدراً للتهديد، سواء داخل كل من سوريا والعراق أو خارجهـما، وبخاصة في أفريقيا وآسـيا. والدليل عـلى ذلـك هـو العمليـات الإرهابيـة التـي نفذها التنظيم خلال السنوات الثلاث الماضية.

وثانيتهما، أن عملية مقتل القرشـي تمثل ضربة قوية لتنظيم "داعش"، إلا أنـه مـن المرجح أن يكون تأثيرها في دوره داخل كل من سوريا والعراق محـدوداً، سواء مـن ناحيـة قدرة التنظيم على الاستمرارية، أو من ناحية الأنشطة والعمليات الإرهابيـة التـي ينخـرط فيها، فقـد أضحى ذلـك مرتبطاً بعوامـل عـدّة غير متغير القيـادة، مـن أبرزها: تجـذر الأيديولوجيا التكفيرية التي يتبناها التنظيم، والتي باتت تمثل الرابطة الأقوى التي تجمع بين خلاياه وفروعه في سوريا والعراق وخارجهما، بالإضافة إلى اسـتمرار التحـديات الكـبرى والأزمات البنيوية التي تعاني منها كل من سوريا والعراق وغيرهما من الدول التـي يتنشـر فيها التنظيم، والتي تمثل بيئات ملائمة لاستمراريته وتصاعد دوره.

كما يستند الكتاب في مقاربته للموضوع إلى إطار نظري تحليلي يقـوم عـلى عـدد مـن المفاهيم والمداخل النظرية والتحليلية. ويأتي مفهوم "الفاعلين المسلحين من غير الدول" في

صلب هذا الإطار النظري التحليلي. وهو يشير في أوسع معانيه إلى تنظيمات أو جماعات مسلحة أو شبكات إجرامية منظمة، تمارس أنشطتها بعيداً عن سيطرة الدولة، وتستخدم القوة من أجل تحقيق أهدافها، وهي تتحدى بذلك مبدأ احتكار الدولة حق الاستخدام المشروع للقوة. ويُعدُّ تنظيم "داعش" حالة نموذجية للفاعلين المسلحين العابرين للحدود من غير الدول، لا سيما أنه خاض حروباً لسنوات مع قوات نظامية في كل من سوريا والعراق. كما أن للتنظيم فروعه وخلاياه المنتشرة في دول عدّة[2].

واستناداً إلى الأبعاد التحليلية التي ينطوي عليها مفهوم "الفاعلين المسلحين من غير الدول"، يمكن تسليط الضوء على عدد من العوامل ذات الصلة بتنظيم "داعش"، والتي يمكن أن تؤثر في مستقبله في سوريا والعراق، منها على سبيل المثال: هويته وأيديولوجيته التكفيرية، ومصادر تمويله وتسليحه، وحدود الاستمرارية والتغيير في الاستراتيجيات الحركية التي ينتهجها، ونمط علاقته بالمجتمعات المحلية التي ينتشر فيها[3].

وبالإضافة إلى مفهوم "الفاعلين المسلحين من غير الدول"، يُعدُّ مفهوم "الدولة الهشة" من المفاهيم الرئيسية التي تستند إليها الدراسة، حيث إن الفاعلين المسلحين من

---

2. لمزيد من التفاصيل حول ظاهرة الفاعلين المسلحين من غير الدول ومؤشراتها، انظر: د. حسنين توفيق إبراهيم، "الفاعلون المسلحون من غير الدول في العالم العربي: تحديات راهنة وآفاق مستقبلية،" **كراسات استراتيجية**، العدد 299، المجلد الثامن والعشرون، أبريل 2019).
Benedetta Berti, "What's in a Name? Re-Conceptualizing Non-State Armed Groups in the Middle East," *Palgrave Communications*, Vol. 2, No. 1 (2016), pp. 1- 8; Murat Yesiltas and Tuncay Kardas, "Introduction: The Phenomenon of Non-State Armed Actors and Patterns of Violent Geopolitics in the Middle East," in: Murat Yesiltas and Tuncay Kardas, (eds.), *Non-State Armed Actors in the Middle East: Geopolitics, Ideology, and Strategy* (London: Palgrave Macmillan, 2018), pp. 6 - 8.

3. لمزيد من التفاصيل حول مداخل تحليل الفاعلين المسلحين من غير الدول، انظر على سبيل المثال:
Ersel Aydinli, "Assessing Violent Non-State Actorness in Global Politics: A Framework for Analysis," *Cambridge Review of International Affairs*, Vol. 28, No. 3 (2015), pp. 424 - 444; Klejda Mulaj, (ed.), *Violent Non-state Actors in World Politics* (New York: Columbia University Press, 2010); Tatiana Zhidkova, "Globalization and the Emergence of Violent Non-State Actors: The Case of Human Trafficking," *New Global Studies*, Vol. 9, No. 1 (2015), pp. 1-25; Eran Zohar," A New Typology of Contemporary Armed Non-State-Actors: Interpreting the Diversity," *Studies in Conflict & Terrorism*, Vol. 39, No. 5 (2016), pp. 423 - 450; Natasha Ezrow, *Global Politics and Violent Non-State Actors* (London: Sage Publishers, 2017).

غير الدول، مثل تنظيم "داعش" وغيره من التنظيمات الجهادية الإرهابية، عادة ما ينتشرون ويتمددون في دول تتسم بالهشاشة. وطبقاً لمؤشر الدول الهشة لعام 2021، الصادر عن صندوق السلام في الولايات المتحدة الأمريكية، فقد جاءت كل من سوريا والعراق ضمن قائمة أعلى (20) دولة على مستوى العالم من حيث درجة الهشاشة، والتي وصلت إلى حد التصدع بالنسبة إلى حالة الدولة السورية[4]. من أبرز سمات الدولة الهشة أنها لا تحتكر حق الاستخدام المشروع للقوة، ولا تستطيع فرض سيطرتها على كامل إقليمها، وتعجز عن حماية أراضيها وتأمين حدودها. كما تعجز عن توفير الحد الأدنى من السلع والخدمات العامة لمواطنيها، وفي مقدمتها الأمن. وهي تمثل بذلك بيئة ملائمة لظهور وتمدد الفاعلين المسلحين من غير الدول من ناحية، والانكشاف الحاد تجاه التدخلات الخارجية في شؤونها الداخلية من ناحية أخرى[5].

وبالإضافة إلى ما سبق، يستند الإطار النظري والتحليلي للكتاب إلى مدخل الصراعات الممتدة في تناول الموضوع. ومن أهم ما يميز هذه الصراعات أنها تستمر لفترات زمنية طويلة، وتتداخل فيها عوامل عديدة: عسكرية وسياسية وطائفية واقتصادية واجتماعية، وبخاصة في حالة تشعب الصراع إلى صراعات فرعية عدة. وبالإضافة إلى ذلك، تتسم الصراعات الممتدة بتعدد الأطراف المنخرطة فيها، ومن ثم تعدد أهدافها وأجنداتها ووسائلها. كما تكون هذه الصراعات أكثر قابلية للتدويل، إذ تتدخل فيها أطراف إقليمية ودولية لتحقيق أهدافها ومصالحها. ولذلك قد يأخذ الصراع في بعض جوانبه طابع الحرب بالوكالة. وعادة ما تتراكم الآثار الكارثية لهذه الصراعات مع مرور الوقت، سواء من حيث أعداد القتلى والمصابين في صفوف المدنيين، أو تدمير البِنَى

---

4. لمزيد من التفاصيل، انظر:

Fund for Peace, *Fragile States Index Annual Report 2021*, p. 7. https://fragilestatesindex.org/wp-content/uploads/2021/05/fsi2021-report.pdf

5. لمزيد من التفاصيل عن سمات الدول الهشة، انظر:

Lothar broch et al., *Fragile States* (Cambridge: polity Press, 2012); Mehran Kamrava (ed.), *Fragile Politics: Weak States in the Greater Middle East* (London: C. Hurst & Co. (Publishers), Ltd., 2016).

والهياكل التحتية للدول، أو تفاقم المشكلات الاقتصادية والاجتماعية والنفسية. ولذلك يصبح حل هذه الصراعات مسألة معقدة، ناهيك عن صعوبات وتحديات إعادة الإعمار في مرحلة ما بعد الصراع. وينطبق الكثير من ملامح وسمات الصراعات الممتدة على الأوضاع في كل من سوريا والعراق[6].

وفي إطار تعدد مناهج وأساليب استشراف المستقبل، يعتمد الكتاب في استشراف مستقبل تنظيم "داعش"، وحدود دوره في كل من سوريا والعراق خلال المستقبل المنظور، على أسلوب السيناريوهات المشروطة، إذ تُحدَّد عناصر كل سيناريو، وشروط تحققه[7]. وتستند هذه الممارسة البحثية إلى رصدٍ وتحليلٍ لدلالات الخبرة التاريخية لتنظيم "داعش" من ناحية، ومصادر قوته ونقاط ضعفه في الوقت الراهن من ناحية ثانية، وخصائص البيئات التي ينشط فيها التنظيم، سواء على المستوى السياسي أو الأمني أو الاقتصادي أو الاجتماعي، من ناحية ثالثة.

وثمة ثلاث ملاحظات عامة يتعين أخذها في الاعتبار كإطار عام لمقاربة الموضوع:

أولاها، أن تنظيم "داعش" ليس تنظيماً تراتبياً مركزياً، بل تحول إلى شبكة جهادية إرهابية عابرة لحدود الدول. فالتنظيم له فروعه وخلاياه المنتشرة في دول عدّة وبخاصة في

---

6. لمزيد من التفاصيل عن التعريف بمفهوم "الصراعات الممتدة" وأهم خصائصها، انظر:

Ellen Policinski and Jovana Kuzmanovic, "Protracted Conflicts: The Enduring Legacy of Endless War," *International Review of the Red Cross*, Vol. 101, No. 912 (2019), pp. 965 - 9 76; Oliver Ramsbotham, "The Analysis of Protracted Social Conflict: A Tribute to Edward Azar," *Review of International Studies*, Vol. 31, No. 1 (2005), pp. 109 -126; Hugo Slim and Ariana Lopes Morey, Protracted Conflict and Humanitarian Action: Some Recent ICRC Experiences PROTRACTED CONFLICT AND HUMANITARIAN ACTION: SOME RECENT ICRC EXPERIENCES, *Report*, International Committee of the Red Cross (ICRC), 2016.

7. لمزيد من التفاصيل عن مناهج وأساليب استشراف المستقبل، انظر: د. أحمد ذوقان الهنداوي ود. صالح سليم الحموري و أ. رولا نايف المعايطة، **استشراف المستقبل وصناعته: ما قبل التخطيط الاستراتيجي... استعداد ذكي** (دولة الإمارات العربية المتحدة: قنديل للصحافة والنشر والتوزيع، ط1، 2017)؛ دعاء الجهيني، **مناهج التنبؤ والاستشراف المستقبلي** (برلين: المركز الديمقراطي العربي، 2021).

أفريقيا وآسيا[8]. وعلى الرغم من ذلك، تظل سـوريا والعـراق تمـثلان المعقـل الرئيسـي للتنظيم. ومن هنا تأتي أهمية دراسة وتحليل حاضـره ومستقبله في البلدين.

وثانيتها، أنه من المهم عند مقاربة حاضـر تنظيم "داعش" ومستقبله في كـل مـن سوريا والعراق أخذ الإطار التاريخي للتنظيمات الجهادية الإرهابية في العـالم العربي بعـين الاعتبار. فهذه الظاهرة لم تنقطع منذ سبعينيات القرن العشـرين. فعلى الرغم مـن أن هنـاك تنظيمات ظهرت لبعض الوقت ثم اندثرت، وتنظيمات أخـرى قامت بمراجعـات فقهيـة وفكرية، ومن ثم تخلت عن نهج التطرف والعنف، إلا أن هنـاك تنظيمات حافظت عـلى استمراريتها على الرغم من الضربات الأمنية الموجعة التي تلقتها، مثل تنظيم "القاعـدة" الذي تعـود بدايات تشكيله إلى ثمانينيات القرن العشـرين، وتنظـيم "داعـش" الـذي تعـود بداياته إلى مرحلة ما بعد إطاحة نظام صدام حسـين في العـراق في عـام 2003. وقـد أثبـت الأخير قدرة عالية على التكيف مع المستجدات، وبخاصة في أعقاب هزيمتـه العسكرية في كل من سوريا والعراق، ومقتل زعيمه أبي بكر البغدادي.

وثالثتها، أنه عند مقاربة مستقبل دور تنظيم "داعش" في سوريا والعـراق، فإنـه مـن المهم أخذ دلالات خبرة مكافحة الإرهاب بعين الاعتبار. ففي أعقـاب هجـمات الحـادي عشـر من سبتمبر عام 2001 أطلقت الولايات المتحدة الأمريكية استراتيجية دولية لمحاربـة الإرهاب، انخرطت فيها دول عديدة على مستوى العالم. ومن أهم الدروس المسـتفادة مـن

---

8. هناك العديد مـن الدراسـات المهمة التي تناولت تنظيم "داعش" من حيث نشـأته وتطوره وأيديولوجيته وهيكله التنظيمي وفروعه. انظر على سبيل المثال: سيث ج. جونز وآخرون، **دحر تنظيم الدولة الإسلامية - تقرير** (سانتا مونيكا، كاليفورنيا: مؤسسـة راند، 2017)؛ حسـن أبـو هنية ومحمد أبو رمان، **تنظيم الدولة الإسلامية.. الأزمة السـنية والصراع على الجهادية العالمية** (عمان: مكتب مؤسسة فريدرش إيبرت، 2015)؛ د. فاطمة الصمادي (إشراف وتحرير)، **تنظيم الدولة الإسلامية: النشأة، التأثير، المستقبل** (الدوحة: مركز الجزيرة للدراسات، نوفمبر 2014).

Michael Weiss and Hassan Hassan, *ISIS: Inside the Army of Terror* (New York: Regan Arts, 2015); Fawaz A. Gerges, *ISIS: A History* (Princeton: Princeton University Press, 2016); Jessica Stern and J. M. Berger, *ISIS: The State of Terror* (New York: HarperCollins Publishers, 2015); Joby Warrick, *Black Flags: The Rise of ISIS* (New York: Doubleday, 2015); Patrick Cockburn, *The Rise of Islamic State: ISIS and the New Sunni Revaluation* (New York: Verso Books, 2015); Ondrej Filipec, *The Islamic State: From Terrorism to Totalitarian Insurgency* (London: Routledge, 2020).

هذه الخبرة أن الوسائل العسكرية والأمنية مهمة وضرورية من أجل تدمير القدرات العسكرية للتنظيمات الجهادية الإرهابية، وملاحقة قياداتها وعناصرها، لكنها ليست كافية لتجفيف منابع التطرف والإرهاب، حيث يتطلب ذلك تنفيذ سياسات اقتصادية واجتماعية وثقافية ودينية وإعلامية وتربوية ناجعة، تعالج الأزمات البنيوية وأوجه الخلل التي تعاني منها المجتمعات، والتي تخلق بيئات ملائمة وظروفاً مواتية لظهور التنظيمات الإرهابية وتمددها. ولذلك فإن اندثار تنظيمات إرهابية تحت ضغط الضربات الأمنية والعسكرية لا يعني، بحال من الأحوال، نهاية الإرهاب ما دامت المشكلات والأزمات التي تساعد على ظهور التطرف والإرهاب دون حلول ناجعة ومعالجات جادة.

ثالثاً: هيكل الكتاب

يتضمن هذا الكتاب إلى جانب المقدمة والخاتمة خمسة فصول:

يتناول **الفصل الأول** بالرصد والتحليل مظاهر تصاعد دور تنظيم "داعش" في كل من سوريا والعراق خلال عامي 2020 و2021. ويتضمن هذا الفصل تحليلاً كمياً وكيفياً للعمليات الإرهابية التي نفذها التنظيم في البلدين، والأساليب الإرهابية التي اعتمد عليها في تنفيذ هذه العمليات، ودائرة المستهدفين بها.

ويغطي **الفصل الثاني** عملية سجن الصناعة بحي غويران من حيث أبعادها ودلالاتها، ولا سيما أنها أكبر وأعنف عملية نفذها تنظيم "داعش" منذ الإعلان عن هزيمته العسكرية في سوريا في مارس 2019. فقد أكدت هذه العملية من ناحية على مدى الخطورة التي لا يزال يمثلها التنظيم. وكشفت من ناحية أخرى عن بعض الفجوات التي تعاني منها استراتيجيات مكافحة الإرهاب في سوريا.

ويناقش **الفصل الثالث** أسباب تصاعد دور التنظيم في سوريا والعراق. وتنقسم هذه الأسباب إلى مجموعتين. تتعلق المجموعة الأولى بالتنظيم ذاته، وبخاصة فيما يتصل بكثرة خلاياه النائمة، وقدرته العالية على التكيف مع المستجدات. وتتصل المجموعة الثانية

بالأزمات والمشكلات البنيوية التي تعاني منها كل من سوريا والعراق، والتي تغذي بشكل أو بآخر استمرارية تنظيم "داعش".

ويحلل **الفصل الرابع** عملية تصفية زعيم تنظيم "داعش" أبي إبراهيم الهاشمي القرشي، وذلك من حيث أبعادها، ولا سيما أن القرشي اختار الإقامة في محافظة إدلب الواقعة تحت سيطرة هيئة تحرير الشام (جبهة النصرة سابقاً) وتركيا وكيانات وتنظيمات أخرى. كما يحلل الفصل تداعيات مقتل القرشي على مستقبل التنظيم.

ويستشرف **الفصل الخامس** مستقبل تنظيم "داعش" في كل من سوريا والعراق خلال الأجلين القصير والمتوسط، وذلك من خلال تحليل وتقييم أهم المحددات أو العوامل المؤثرة في رسم ملامح هذا المستقبل من ناحية، وبلورة سيناريوهاته المحتملة من ناحية أخرى.

الفصل الأول

مظاهر تصاعد دور تنظيم "داعش" في سوريا والعراق خلال عامي 2020 و2021

إثر هزيمته العسكرية في كل من سوريا والعراق، دخل تنظيم "داعش" حالة من الكمون، إلا أن هذه الحالة لم تستمر طويلاً، إذ بدأ التنظيم بُعيد فترة وجيزة تنفيذ عمليات إرهابية متفرقة في البلدين، تصاعدت وتيرتها مع مرور الوقت، وهو ما يعكسه بوضوح سجل العمليات التي نفذها التنظيم خلال عامي 2020 و2021.

والهدف من هذا الفصل هو رصد وتحليل مظاهر تصاعد دور تنظيم "داعش" في كل من سوريا والعراق خلال العامين المذكورين. وهو يتضمن تحليلاً للعمليات الإرهابية التي نفذها التنظيم من حيث الكم والنوعية، بالإضافة إلى تحليل الأساليب التي اعتمد عليها التنظيم في تنفيذ هذه العمليات، وبخاصة بعد تدمير قدراته العسكرية الثقيلة. كما يسلط الفصل الضوء على المستهدفين بالعمليات الإرهابية للتنظيم، وذلك بعد فقدانه للأراضي التي كانت تحت سيطرته في كل من سوريا والعراق.

وبناءً على ما سبق، يتناول هذا الفصل النقاط الآتية:

أولاً: تصاعد العمليات الإرهابية لتنظيم "داعش" كماً وكيفاً

ثانياً: تنوع الأساليب الإرهابية

ثالثاً: اتساع دائرة المستهدفين بالعمليات الإرهابية

وفيما يلي عرض للنقاط السابقة بشيء من التفصيل.

أولاً: تصاعد العمليات الإرهابية لتنظيم "داعش"،كماً وكيفاً

لقد تصاعد دور تنظيم "داعش" بشكل واضح في كل من سـوريا والعـراق خـلال عامي 2020 و2021. وهذا ما تكشف عنه بعض الإحصاءات المتاحة عـن العمليـات التـي نفذها التنظيم خلال العامين المذكورين.

ففي سوريا، وبحسب بيانات "المرصد السوري لحقـوق الإنسـان"، تمكـن تنظيم "داعش" خلال عام 2020 من قتل (819) عنصراً من قوات النظام السوري والتنظيمـات المسلحة الموالية له، وذلك عبر مئات من العمليات الإرهابيـة التـي نفـذها التنظيـم ضـمن مناطق سـيطرة النظام. وبالمقابـل فـإن الحمـلات التـي شـتتها قـوات النظام السـوري، وعمليات القصف التي قام بها الطيران الروسي، ترتـب عليهـا مقتـل حـوالي (507) مـن عناصـر "داعش". وخلال عام 2021، تمكن التنظيـم مـن قتـل (396) مـن قـوات النظام والمجموعات المسلحة الموالية له. وبالمقابل، قُتـل (484) مـن عناصـره. وتكشـف أعداد القتلى من الجانبين عن حجم التهديد الذي بـات يمثلـه "داعش"، ولا سـيما أن عملياتـه كانت كثيرة من حيث العدد، ومتنوعة من حيث أساليب التنفيذ ودرجة الخطورة[1].

ويبين الجدول التالي أعداد القتلى من جراء العمليـات الإرهابيـة التـي نفـذها تنظيم "داعش" في البادية السورية، والعمليات العسكرية التي استهدفته، سواء مـن قِبَـل قـوات النظام أو الطيران الروسي خلال عام 2021.

---

1. لمزيد من التفاصيل، انظر: المرصد السوري لحقوق الإنسان، كتيب خاص بالمرصد السوري لحقوق الإنسان، 2021، ص ص 68 - 69. مُتاح على الرابط الآتي:

https://www.syriahr.com

جدول رقم (1)

**أعداد القتلى في البادية السورية بسبب عمليات تنظيم "داعش" والعمليات العسكرية
التي استهدفته خلال عام 2021، موزعة حسب الشهور**

المجموع	أعداد القتلى من قوات النظام السوري والجماعات المسلحة الموالية له	أعداد القتلى من أعضاء "داعش"	الشهر
121	40	81	يناير
182	93	89	فبراير
97	28	69	مارس
85	21	64	أبريل
59	32	27	مايو
87	52	35	يونيو
55	32	23	يوليو
25	11	14	أغسطس
51	36	15	سبتمبر
47	16	31	أكتوبر
33	18	15	نوفمبر
38	17	21	ديسمبر
880	396	484	المجموع

المصدر: المرصد السوري لحقوق الإنسان، كتيب خاص بالمرصد السوري لحقوق الإنسان، 2021، ص 68.

واستناداً إلى الإحصاءات التي يتضمنها الجدول السابق، يمكن استخلاص ثلاثة استنتاجات مهمة بشأن الأنشطة الإرهابية لتنظيم "داعش" في سوريا خلال عام 2021:

أولها، الاستمرارية، حيث تواصلت العمليات الإرهابية للتنظيم على مدار شهور السنة. ويكشف هذا الأمر عن تنامي قدراته البشرية والعسكرية، الأمر الذي مكّنه من مواصلة استهداف عناصر من قوات النظام السوري، والجماعات المسلحة الموالية له. كما يدل هذا التطور على وجود عوامل مساعدة مكّنت التنظيم من ذلك. وسوف تُناقَش هذه العوامل بشيء من التفصيل في الفصل الثالث من هذه الدراسة.

وثانيها، أنه على الرغم من أن عدد القتلى في صفوف "داعش" أعلى من عـدد القتلى في صفوف قوات النظام السوري والجماعات الموالية له، إلا أن ذلك لا يعني التهـوين من الخطورة التي شكلها التنظيم على مناطق سيطرة النظام السوري، حيـث إن الفـارق بـين أعداد القتلى على الجهتين هو (88) قتيلاً فقط.

وثالثها، أن أعداد القتلى في صفوف "داعش" جاءت كمحصلة لعمليـات عسكرية وأمنية نفذتها قوات النظام السوري من ناحية، وهجمات جوية نفذتها القوات الروسـية في سوريا من ناحية أخرى. ويكشف هذا عن الدور الذي قامت به الأخيرة في محاربة التنظيم خلال عام 2021. فمـن بـين إجمالي (484) قتـيلاً مـن عناصـر "داعش"، قتـل الطيران الروسي (401) عنصـراً، فيها قتلت قوات النظام السوري (83) عنصراً[2].

ولم تقتصـر عمليـات "داعش" على المناطق الواقعة تحت سـيطرة النظـام السـوري، وبخاصة في البادية السورية، بل شملت أيضاً مناطق نفوذ "الإدارة الذاتية لشـمال وشـرق سوريا" في دير الزور والحسكة والرقة ومنطقـة منبج. ففي عـام 2020 تـم توثيـق (480) عمليـة في هـذه المناطق، ترتب عليهـا مقتـل (208) أشـخاص، مـن بينهم (122) مـن التشكيلات العسكرية العاملة في هذه المناطق، و (86) مدنياً. وخلال عام 2021 تـم توثيق (334) عملية إرهابية نفذها التنظيم، نجم عنها مقتل (229) شخصاً، مـن بينهم (136) ينتمون إلى قـوات سـوريا الديمقراطيـة، و (93) مـدنياً. وبالمقابل تمكنـت قـوات سـوريا الديمقراطية وقوات التحالف الدولي لمحاربة تنظيم "داعش" بقيادة الولايـات المتحـدة الأمريكية من قتل (19) من عناصر التنظيم، فضلاً عن اعتقال المئات منهم[3].

ويبين الجدول الآتي العمليات الموثقة التي نفذها تنظيم "داعش" في منـاطق نفـوذ "الإدارة الذاتية لشـمال وشـرق سوريا" خلال عام 2021 موزعة حسب الشهور.

---

2. لمزيد من التفاصيل، انظر: المرجع السابق، ص 68.

3. لمزيد من التفاصيل، انظر: المرجع السابق، ص ص 69 - 70.

جدول رقم (2)

عدد العمليات الموثقة التي نفذها تنظيم "داعش" في مناطق الإدارة الذاتية خلال عام 2021

عدد القتلى (عسكريين ومدنيين)	عدد العمليات الإرهابية	الشهر
37	51	يناير
46	63	فبراير
16	41	مارس
23	31	أبريل
21	25	مايو
16	21	يونيو
10	16	يوليو
12	18	أغسطس
8	12	سبتمبر
8	11	أكتوبر
22	29	نوفمبر
10	16	ديسمبر
229	334	المجموع

المصدر: المرصد السوري لحقوق الإنسان، كتيب خاص بالمرصد السوري لحقوق الإنسان، 2021، ص 70.

والنتيجة الرئيسية التي يمكن استخلاصها من بيانات الجدول السابق تتمثل في أن عمليات "داعش" الإرهابية في مناطق الإدارة الذاتية في شمال وشرق سوريا لم تختلف عن عملياته في مناطق سيطرة النظام السوري من زاوية الاستمرارية، إذ تواصلت هذه العمليات على مدار العام. وفي كل شهر من شهور السنة كانت هناك عمليات، نجم عنها قتلى في صفوف التشكيلات العسكرية والأمنية في مناطق الإدارة الذاتية، فضلاً عن القتلى في صفوف المدنيين. وتعكس هذه الظاهرة توفر القدرة لدى التنظيم ليضرب في مناطق عدة. وهذا أمر لا يمكن تفسيره بمعزل عن واقع الانتشار الجغرافي لمقاتلي التنظيم وخلاياه النائمة.

وفي **العراق**، استمرت العمليات الإرهابية لتنظيم "داعش" بشكل شبه متواصل خلال عامي 2020 و2021. وعلى الرغم من عدم وجود إحصاءات دقيقة وموثقة بشأن عدد هذه العمليات، إلا أن ما تم نشره عبر وسائل الإعلام عن عمليات نفذها التنظيم، وكذلك عن حملات أمنية شنتها القوات العراقية أو قوات البيشمركة ضده، تشير بوضوح إلى تصاعد دوره في العراق.

وبحسب بيانات رسمية أعلنها جهاز مكافحة الإرهاب في العراق في يناير 2022، فقد تم خلال عامي 2020 و2021 تنفيذ (694) عملية (واجبات منفـذة)، و (595) ضـربة جوية ضد عناصـر من تنظيم "داعش". وقد أسفرت هذه العمليات والضـربات عن مقتل (343) عنصـراً، واعتقال (622) آخرين، تم إحالتهم للقضاء لمحاكمتهم[4].

ومن المُلاحظ أن عمليـات "داعش" في العراق قـد "تمركـزت بنسب متفاوتـة في محافظات كركوك (شمال) التي تشهد النشـاط الأكبر للتنظيم، وصـلاح الـدين ونينـوى (شمال)، وديالى (شـرق)، والأنبار (غرب)، وفي مناطق حزام بغداد الشمالي ومعظم المناطق المُتنازع عليها بين حكومتي بغداد وأربيل (شمال)، مستغلاً الفراغ الأمني هناك. وتشمل المناطق الهشة أمنياً سلسـلة مـن المـدن والقـرى في المناطق المُتنازع عليهـا، ضـمن الرقعـة الجغرافية المحصورة بين الحدود السورية شمال غربي نينـوى، مـروراً بمحافظتي كركوك وصلاح الدين، إلى الحدود الإيرانية شمال شرقي محافظة ديالى"[5].

وبخصوص حدة العمليـات الإرهابيـة التي نفـذها تنظيـم "داعـش" في العـراق، يتضمـن الجـدول الآتـي مجموعـة مختـارة من العمليات النوعية التي حدثت خلال عـام 2021.

---

4. لمزيد من التفاصيل، انظر: وكالة الأنباء العراقية، "جهاز مكافحة الإرهاب يحصي قتلى داعش والملقى القبض عليهم خلال عامين،" 2022/1/23. مُتاح على الرابط الآتي: https://www.ina.iq/147042--.html.

5. انظر: رائد الحامد، "ماذا وراء زيادة هجمات "داعش" بالمناطق المتنازع عليها شمالي العراق؟" AA، 2021/12/17. مُتاح على الرابط الآتي: https://bit.ly/3aa3YnH

جدول رقم (3)
نماذج من العمليات الإرهابية النوعية التي نفذها "داعش"
في العراق خلال عام 2021

النتائج	وصف العملية	الشهر
1. مقتل حوالي (38) شخصاً، وجرح (110) آخرين من المدنيين. 2. مقتل (11) عنصراً من قوات الحشد الشعبي.	1. تفجيران انتحاريان في بغداد تم تنفيذها بأحزمة ناسفة. 2. هجوم مسلح استهدف أحد ألوية الحشد الشعبي شـرق مدينة تكريت، مركز محافظة صلاح الدين.	يناير
أوقع التفجير حوالي (35) قتيلاً وعشـرات الجرحى.	تفجير في سوق بمدينة الصدر شرقي العاصمة بغداد، نفذه انتحاري يرتدي حزاماً ناسفاً.	يوليو
راح ضحية الهجوم (40) مدنياً ما بين قتيل وجريح.	هجوم مسلح استهدف قرية الرشاد بمحافظة ديالى في شمال العراق.	أكتوبر
مقتل خمسة وجرح أربعة من قوات البيشمركة.	تفجير عبوة ناسفة استهدفت آلية عسكرية في شمال العراق.	نوفمبر
1. مقتل ثلاثة مدنيين وسبعة من قوات البيشمركة، وجرح آخرين. 2. تم نحر الضباط، ثم بث التنظيم فيديو للعملية عبر منصاته الإلكترونية. وقد أعاد هذا المشهد إلى الأذهان عمليات وحشية نفذها "داعش" في فترات سابقة، ونشر مقاطع فيديو لها. 3. أجبر التنظيم السكان على ترك القرية، وأحرق عدداً من المنازل فيها. وقد تمكنت قوات عراقية ومقاتلين من البيشمركة من استعادة السـيطرة على القرية.	1. هجوم مسلح وتفجير عبوة ناسفة في قرية خضـر جيجة بقضاء مخمور جنوب أربيل. 2. اختطاف أربعة أشخاص بينهم ضابط برتبة عقيد في وزارة الداخلية العراقية، وذلك قرب حوض جبال حمرين التي تمتد عبر محافظات ديالى وصلاح الدين وكركوك. 3. سيطرة التنظيم نحو يوم واحد على قرية "لهيبان" بمحافظة كركوك.	ديسمبر

المصدر: من إعداد المؤلف اعتماداً على مصادر صحفية متنوعة.

وتؤكد مجموعة العمليات الإرهابية النوعية المتضمنة في الجدول السابق، والتي نفذها تنظيم "داعش" في العراق خلال عام 2021، على تصاعد دور التنظيم، ولا سيما أن هذه العمليات اتسمت بدرجة ملحوظة من الخطورة، سواء من حيث أعداد القتلى والمصابين، أو من حيث انتشارها الجغرافي، إذ شملت محافظات عراقية عدة، ناهيك عن الدلالة السلبية لرمزية سيطرة "داعش" على قرية لبعض الوقت وإجبار بعض سكانها على مغادرتها.

كما أن الخطط التي أعلنتها الحكومة العراقية بشأن محاربة الإرهاب، والحملات العسكرية والأمنية التي نفذتها الجهات المعنية متمثلة في الجيش العراقي والأجهزة الأمنية العراقية الأخرى والحشد الشعبي وقوات البيشمركة ضد تنظيم "داعش" خلال العامين الماضيين تدل كذلك على حجم التهديد الذي لا يزال التنظيم يمثله[6]. وسوف تُتناول هذه النقطة بشيء من التفصيل عند تحليل أهم المحددات أو العوامل المؤثرة في مستقبل تنظيم "داعش" (الفصل الخامس).

واستهل تنظيم "داعش" عام 2022 بسلسلة من العمليات الإرهابية الكبيرة في كل من سوريا والعراق. ففي 2 يناير، شن التنظيم هجوماً صاروخياً على رتل عسكري تابع للجيش السوري في منطقة البادية السورية. وبحسب "المرصد السوري لحقوق الإنسان"، أسفر الهجوم عن مقتل (9) جنود سوريين، وإصابة (15) آخرين بجروح مختلفة. وتُعدّ هذه واحدة من أكبر العمليات التي نفذها "داعش" ضد الجيش السوري. وفي 20 يناير، نفذ التنظيم عملية سجن الصناعة بحي غويران في مدينة الحسكة السورية. ونظراً لأن هذه العملية هي الأكبر والأعنف منذ الإعلان عن هزيمة التنظيم في سوريا في مارس 2019، فسوف تُتناول بالتفصيل في الفصل الثاني من هذه الدراسة. وفي العراق، شن عدد من

---

6. لمزيد من التفاصيل، انظر: د. محمد عز العرب، "داعش يُقلق العراق مجدداً،" **جريدة الخليج الإماراتية،** 2021/12/15، مُتاح على الرابط الآتي: https://www.alkhaleej.ae/2021-12-15؛ هدى الحسيني، "خطر داعش يخيم على العراق مجدداً،" **جريدة الشرق الأوسط اللندنية،** 2021/6/3، مُتاح على الرابط الآتي: https://aawsat.com/home/article/3006051

مقاتلي "داعش" هجوماً مسلحاً على السرية الأولى التابعة للفوج الثاني في الفرقة الأولى للجيش العراقي في محافظة ديالى. وأسفر الهجوم عن مقتل (11) جندياً عراقياً، من بينهم آمر السرية. وتُعد هذه العملية، التي تزامنت مع عملية سجن الصناعة بحي غويران في سوريا، واحدة من العمليات الكبيرة والخطيرة التي نفذها التنظيم ضد الجيش العراقي[7].

ثانياً: تنوع الأساليب الإرهابية

في أعقاب هزيمته العسكرية في كل من سوريا والعراق، غيّر تنظيم "داعش" من استراتيجيته الحركية. إذ تخلى، من ناحية أولى، عن فكرة السيطرة على أراضٍ والاحتفاظ بها، باعتبار أنه لم يعد يمتلك قدرات عسكرية ثقيلة للدفاع عنها. كما أن التمركز في منطقة جغرافية محددة يجعل عناصره هدفاً سهلاً للقوات المنخرطة في محاربته. ومن ناحية ثانية، انتقل "داعش" من استراتيجية إدارة الدولة (دولة الخلافة الإسلامية) إلى استراتيجية التنظيم الإرهابي وأساليبه. وقد ترتب على ذلك تحوله من المواجهات المسلحة التقليدية، مع جيوش نظامية أو شبه نظامية، إلى أساليب حرب العصابات التي تقوم على تنفيذ هجمات سريعة وخاطفة ثم الاختفاء عن الأنظار[8].

وفي ضوء ما سبق، فقد اعتمد التنظيم في تنفيذ عملياته الإرهابية في كل من سوريا والعراق على أساليب عديدة، منها: التفجيرات الانتحارية، والعبوات الناسفة، والاغتيالات، والهجمات المسلحة المباغتة التي تُنفَّذ من خلال مجموعات صغيرة تستخدم في الغالب أسلحة خفيفة ومتوسطة، فضلاً عن عمليات الاختطاف، وحرق المحاصيل

---

7. لمزيد من التفاصيل، انظر: "داعش" يصعَد... هل يعود التنظيم للواجهة مجددا بالعراق وسوريا؟، **سكاي نيوز عربية**، 2021/1/4. مُتاح على الرابط الآتي:https://www.skynewsarabia.com/middle-east/1491026 -: مقتل 11 جندياً عراقياً في هجوم لـداعش، **الحرة**، 2021/1/21. مُتاح على الرابط الآتي: https://www.alhurra.com/iraq/2022/01/21/

8. لمزيد من التفاصيل حول تحولات استراتيجية "داعش" في مرحلة ما بعد هزيمته العسكرية في كل من العراق وسوريا، انظر:

Michael P. Dempsey, "How ISIS' Strategy Is Evolving: What the U.S. Can Do to Counter the Group's Shifting Tactics," *Foreign Affairs*, January 18, 2018. https://www.foreignaffairs.com/articles/syria/2018-01-18/how-isis-strategy-evolving

الزراعية، وتهديد السكان المحليين بحرق منازلهم، وذلك بهدف إرهابهم وابتزازهم والحصول على إتاوات منهم، أو دفعهم لمغادرة المناطق المستهدفة. وخلال عملية سجن الصناعة بحي غويران التي نفذها التنظيم في يناير 2022، استُخدمت سيارات مفخخة. ويمثل هذا تطوراً بالغ الدلالة في الأساليب الإرهابية التي يتبعها التنظيم[9].

ثالثاً: اتساع دائرة المستهدفين بالعمليات الإرهابية

بخصوص دائرة المستهدفين بعمليات تنظيم "داعش" في العراق، فهي تشمل قوات الجيش العراقي، ووحدات الحشد الشعبي، وقوات البيشمركة. كما تشمل المدنيين وبخاصة في أماكن التجمع مثل الأسواق وغيرها، إذ يستهدفهم "داعش" لإثارة الرعب، وبث الفوضى، وتدمير ثقة العامة في الجيش والمؤسسات الأمنية. كما يستهدف التنظيم السكان في المناطق المتنازع عليها بين الحكومة الاتحادية العراقية وحكومة إقليم كردستان، ولا سيما أن حالة الفراغ الأمني التي تعاني منها هذه المناطق توفر له بيئة ملائمة لممارسة أنشطته الإرهابية[10].

وفي سوريا استهدف التنظيم – ويستهدف – بعملياته الإرهابية قوات الجيش السوري، وقوات سوريا الديمقراطية، والمدنيين وبخاصة في مناطق البادية السورية. وبالإضافة إلى ذلك شن التنظيم في العراق، وإلى حد ما في سوريا، ما أسماه بـ "الغزوات الاقتصادية"، والتي استهدفت بعض مشاريع البنية التحتية: مثل الآبار الارتوازية، ومنصات النفط والغاز، وأبراج الكهرباء، والمحاصيل الزراعية. وهدف التنظيم من وراء

---

9. لمزيد من التفاصيل، انظر: كمال شيخو، "قسد تسيطر بشكل كامل على سجن الصناعة في الحسكة،" **جريدة الشرق الأوسط اللندنية**، 2022/1/27. مُتاح على الرابط الآتي:
https://aawsat.com/home/article/3438686

10. لمزيد من التفاصيل، انظر: جرس إنذار بعودة داعش في العراق.. مخاوف من المناطق الرخوة، **سكاي نيوز عربية**، 2021/12/8. مُتاح على الرابط الآتي:
https://www.skynewsarabia.com/middle-east/1485248

تفجيرات ومخازن وملاذات آمنة.. داعش ينازع بغداد وأربيل في المساحة "الرخوة"، **الحرة**، 2021/12/3. مُتاح على الرابط الآتي: https://www.alhurra.com/iraq/2021/12/03

استهداف أبراج الكهرباء هو قطع التيار الكهربائي عن مساحات واسعة مـن الـبـلاد، ممـا يظهر عجز الحكومة، ويزعزع ثقة المواطنين فيها. كما يجبر هذا المسلك القوات الأمنيـة عـلى توفير حماية لتلك الأبراج، وهـو مـا يـوفر للتنظـيم أهـدافاً أخـرى يمكن مهاجمتها. أمـا بخصوص حرق المحاصيل الزراعية، فالهدف من وراء ذلك هو ترهيب السكان المحليـين حتى لا يتعاونوا مع الجهات الأمنية بشأن الإبلاغ عن عناصـر التنظيم، فضلاً عن إجبارهم على دفع إتاوات، تسهم في تمويل أنشطته[11].

وخلاصة القول: إن تصاعد دور تنظـيم "داعش" في كل من سوريا والعـراق خـلال عامي 2020 و2021، سواء من حيث عدد العمليات الإرهابيـة التي نفـذها التنظيم ومـا ترتب عليها من نتائج، أو من حيث الأساليب التي استخدمها في تنفيذ عملياتـه، أو دائـرة المستهدفين بهذه العمليات، إنما يدل على قـدرة التنظـيم عـلى التكيـف بشكل سـريع مـع المستجدات التي عصفت به، بما في ذلك تدمير قدراته العسكرية الثقيلـة، وتفكيـك دولتـه المزعومة، ومقتل زعيمه أبي بكر البغدادي. وسوف يغطي الفصلان الآتيـان مـن الدراسـة لحظة الذروة في تصاعد دور التنظيم في مطلع عام 2022، والمتمثلة في عملية سجن الصناعة بحي غويران في مدينة الحسكة السـورية، فضـلاً عـن تفسـير ظاهرة استمرارية التنظيم وتصاعد دوره مجدداً في البلدين من خلال تحليل ومناقشة أهم العوامل التي تقـف خلـف ذلك.

---

11. لمزيد مـن التفاصـيل، انظـر: داعـش يشـن "غـزوات اقتصـادية" تسـتهدف مفاصـل الدولـة العراقيـة، أخبـارالآن، 2021/10/14. مُتاح على الرابط الآتي:

https://www.akhbaralaan.net/news/arab-world/2021/10/14/835162

الفصل الثاني

عملية سجن الصناعة بحي غويران:
الأبعاد.. الدلالات.. التداعيات

نظراً لأن عملية سجن الصناعة بحي غويران، التي نفذها تنظيم "داعش" في ينـاير 2022، هي الأكبر والأعنف منذ الإعلان عن الهزيمة العسكرية للتنظيم في سوريا (مـارس 2019)، فإنه من المهم رصد وتحليل أبعادها ودلالتها، ولا سـيما أنها تنطوي على مؤشـرات مهمة بشأن حاضـر التنظيم ومستقبله في كل من سوريا والعراق.

ويتناول هذا الفصل عملية سجن الصناعة بحي غويران، مـن خـلال التركيـز عـلى وصف العملية، من حيث أساليب تنفيذها، ومراحل تطوراتها. وهذا يكشف عـن جانـب من قدرة تنظيم "داعش" على التخطيط والتنسـيق لعمليات كبـيرة وخطـيرة، حتـى وإن لم تُفْضِ إلى النتائج التي رام التنظيم بلوغها. كما يناقش أبعاد العمليـة ودلالاتها، سـواء فيما يتعلق بتنظيم "داعش"، أو "قوات سوريا الديمقراطية"، أو قوات التحالف الدولي لمحاربة تنظيم "داعش" بقيادة الولايات المتحدة الأمريكية. وبالإضافة إلى ذلـك، يتنـاول الفصـل بالتحليل والتقييم تداعيات العملية، وبخاصة فيما يتعلق بانعكاساتها عـلى مستقبل تنظيم "داعش".

وبناءً على ما سبق، يغطي هذا الفصل النقاط الآتية:

أولاً: عملية سجن الصناعة.. ماذا حدث؟

ثانياً: عملية سجن الصناعة.. الأبعاد والدلالات

ثالثاً: عملية سجن الصناعة.. التداعيات

وقبل تناول النقاط السابقة بشيء من التفصيل، ثمة ملاحظتان مهمتان يتعين أخذهما بعين الاعتبار عند تحليل عملية سجن الصناعة بحي غويران:

أولاهما، أنه لا توجد معلومات متكاملة ودقيقة بشأن هذه العملية، بل إن هناك بعض التضارب في المعلومات المتاحة، ولا سيما أن "قوات سوريا الديمقراطية" لم تقدم رواية واحدة متكاملة ومتماسكة بشأن هذه العملية الخطيرة. فقد اتهمت النظام السوري بالضلوع فيها تارة، واتهمت تركيا والفصائل المسلحة التابعة لها تارة أخرى. كما أشارت إلى أن العملية نُفِّذَتْ بالتنسيق بين خلايا "داعش"[1] في كل من سوريا والعراق. ومن هنا تأتي أهمية التدقيق في المصادر والمعلومات ذات الصلة بهذه العملية.

وثانيتهما، أنه ثمة خطأ شائع يقع فيه كثير من الباحثين والمحللين والكُتَّاب عند الإشارة إلى السجن الذي استهدفه تنظيم "داعش" بالهجوم، إذ يَعُدُّونه سجن غويران. وهذا غير صحيح، على الرغم من وجود سجن في مدينة الحسكة بهذا الاسم، وهو سجن حكومي سابق يُعَدُّ الأقدم والأكبر في المدينة. وكان تنظيم "داعش" قد سيطر عليه من قوات النظام السوري في عام 2015. وفي عام 2016 هاجمته الوحدات الكردية وسيطرت عليه، وبدأت باحتجاز عناصر "داعش" فيه. ويضم سجن غويران حوالي 5000 من عناصر "داعش". ولكن هذا السجن لم يتعرض للهجوم من "داعش" في يناير 2022، بل الذي تعرض للهجوم هو سجن آخر على مقربة منه، يُسمى "سجن الصناعة". وهو في الأصل مدرسة ثانوية صناعية للتعليم الفني، سيطرت عليها "قوات سوريا الديمقراطية" وحولتها إلى سجن، وذلك في أعقاب سقوط آخر معاقله في الباغوز في مارس 2019. ويضم السجن حوالي 3500 من عناصر التنظيم[2].

---

1. لمزيد من التفاصيل، انظر: بيان "هجوم سجن الصناعة".. لماذا اتهمت "قسد" تركيا؟، **الحرة**، 2022/1/31. مُتاح على الرابط الآتي: https://www.alhurra.com/turkey/2022/01/31؛ عبد الله رجا، "سجن الحسكة.. داعش ما زال يثير المخاوف،" **جريدة البيان الإماراتية**،2022/2/3. مُتاح على الرابط الآتي: https://www.albayan.ae/world/arab/2022-02-03-1.4361105

2. لمزيد من التفاصيل، انظر: بعد هجوم "غويران".. 9 سجون في مرمى داعش بسوريا، **سكاى نيوز عربية**، 2022/1/23. مُتاح على الرابط الآتي: https://www.skynewsarabia.com/middle-east/1495744-

أولاً: عملية سجن الصناعة.. ماذا حدث؟

تُعَدُّ عملية سجن الصناعة بحي غويران عملية معقدة ومنسقة، ولا سيما أنها استهدفت أحد أكبر السجون التي تتولى "قوات سوريا الديمقراطية" حراستها. ويقع هذا السجن في أكثر المناطق تأميناً وحراسة. وبحسب مصادر عدة، فقد بدأ تنظيم "داعش" الهجوم على السجن في مساء يوم 20 يناير، وذلك من خلال تنفيذ ثلاث عمليات متزامنة[3].

تمثلت **العملية الأولى** في تنفيذ ثلاثة تفجيرات أمام بوابة السجن الرئيسية وبالقرب منه. وقد تم ذلك من خلال تفجير سيارتين مفخختين وصهريج وقود تابع لشركة سادكوب قرب السجن. والهدف من ذلك هو تشتيت انتباه القائمين على حراسة السجن، وهدم بوابته وأجزاء من سوره الخارجي، فضلاً عن خلق سحابات من الدخان؛ لمنع أو عرقلة الطيران التابع للتحالف الدولي لمحاربة تنظيم "داعش" من المشاركة في المواجهة بين "داعش" و"قوات سوريا الديمقراطية".

وعلى وقع التفجيرات التي استهدفت بوابة السجن، جاءت **العملية الثانية**، حيث قام ما بين (100) و(200) من مقاتلي التنظيم باقتحام السجن من جهات عدة، الأمر الذي خلف حالة من الفوضى داخله.

وبالتزامن مع العمليتين السابقتين، جاءت **العملية الثالثة** متمثلة في حدوث تمرد مسلح داخل السجن، إذ خرج مئات السجناء من العنابر والزنازين، وهاجموا عناصر الحراسة وقوات الأمن، واستولوا على أسلحتهم، واحتجزوا رهائن، وأضرموا النيران بالقرب من البوابة الرئيسية للسجن. كما سيطروا على أقسام من مباني السجن، ولا سيما

Mohamed Hassan and Samer al-Ahmed, "A closer look at the ISIS attack on Syria's al-Sina Prison," *Middle East Institute*, February 14, 2022. https://www.mei.edu/publications/closer-look-isis-attack-syrias-al-sina-prison

3.	لمزيد من التفاصيل، انظر: كمال شيخو، **مرجع سبق ذكره**؛ هبة القدسي وكمال شيخو، "واشنطن تشيد بدور "قسد" في إنهاء تمرد "داعش" في الحسكة،" **جريدة الشرق الأوسط اللندنية**، 2022/2/1. مُتاح على الرابط الآتي: https://bit.ly/3lfvXV4

Mohamed Hassan and Samer al-Ahmed, Op. Cit.

أنهم تمكنوا من اقتحام قسم الحراسة، واستولوا على كميات من الأسلحة والذخيرة الموجودة داخله. وقد تمكن هؤلاء من قتل عدد من حراس السجن والعاملين فيه.

ونظراً لضخامة العملية، فقد أصيبت "قوات سوريا الديمقراطية" بحالة من الارتباك مع بداية تنفيذ العملية، وظلت غير قادرة على استعادة السيطرة الكاملة على السجن طوال أكثر من أسبوع. ولولا التدخل الحاسم من قبل قوات التحالف الدولي لمحاربة تنظيم "داعش" بقيادة الولايات المتحدة الأمريكية باستخدام الطائرات المروحية الهجومية لكان الموقف أكثر صعوبة. وقد استمرت عمليات التمشيط التي قامت بها "قوات سوريا الديمقراطية" سواء داخل السجن أو خارجه، وما تخللها من مواجهات متفرقة مع عناصر "داعش" حتى نهاية شهر يناير 2022، ولا سيما أن هناك عناصر مسلحة رفضت الاستسلام، وتحصنت في أقبية يصعب اقتحامها داخل السجن[4].

ثانياً: عملية سجن الصناعة.. الأبعاد والدلالات

تعكس عملية سجن الصناعة مجموعة من الأبعاد والدلالات المهمة، منها ما يلي:

1. أنها كانت آخر عملية أمر بتنفيذها زعيم التنظيم أبو إبراهيم الهاشمي القرشي، حيث تم تصفيته بعدها بأيام قليلة، على نحو ما سيأتي ذكره. وثمة أهداف عدة تقف وراء تنفيذ هذه العملية، منها: تعزيز مكانة زعيم التنظيم من خلال تحقيق إنجاز كبير خاص به على غرار الإنجازات التي حققها سلفه أبو بكر البغدادي، فضلاً عن إطلاق سراح الآلاف من مقاتلي التنظيم المحتجزين في السجن، مما يعني رفده بعناصر مدربة قادرة على المشاركة بفاعلية في أنشطته الإرهابية. يُضاف إلى ذلك تعزيز الثقة ورفع الروح

---

4. لمزيد من التفاصيل، انظر: ضياء عودة، "بعد هجوم الأيام الستة.. "قسد" تعلن السيطرة على سجن الصناعة،" **الحـــرة**، 2022/1/26، مُتـاح علـى الــرابـط الآتـي: /https://www.alhurra.com/syria/2022 /01/26؛ قوات سوريا الديمقراطية" تعلن القضاء على جيوب مقاتلي تنظيم "الدولة الإسلامية" في سجن غويران بالحسكة، **فرانس 24**، 2022/1/31، مُتاح على الرابط الآتي: https://www.france24.com/ar

كمال شيخو، "أمريكا تجدد دعمها لـ "قسد" ضد "داعش" بعد تمرد غويران،" **جريدة الشرق الأوسط اللندنية**، 2022/1/30؛ مصطفي هاشم، "جيش في الانتظار.. تكتيكات لا مركزية لداعش ومخاوف من العودة،" **الحرة**، 2021/1/30، مُتاح على الرابط الآتي: "/https://www.alhurra.com/iraq/2022/01/30

المعنوية لدى مقاتلي التنظيم، وذلك بتأكيد قدرته على القيام بعمليات نوعية كبيرة، فضلاً عن تحقيق نوع من الدعاية للتنظيم على الصعيد الإعلامي، بوصفه ما يزال متصدراً المشهد الجهادي الإرهابي العالمي، ومن ثم تحفيز فروعه وخلاياه المنتشرة خارج سوريا[5].

2. أن عملية سجن الصناعة كشفت عن قدرة تنظيم "داعش" على تنفيذ عمليات إرهابية كبيرة ومنسقة، مما يؤكد أن التنظيم ما يزال يمثل مصدراً للتهديد في سوريا، بعد مرور نحو ثلاث سنوات على سقوط آخر معاقله هناك[6]. والدليل على ذلك هو أن المواجهات المسلحة بين "قوات سوريا الديمقراطية" وقوى الأمن الداخلي (آسايش) المدعومتين من جانب التحالف الدولي لمحاربة تنظيم "داعش" بقيادة الولايات المتحدة، وبين عناصر التنظيم استمرت لأكثر من أسبوع. ونتيجة لذلك، فقد ترتب على العملية – بحسب بيانات نُشرت بتاريخ 3/ 2/ 2022 – مقتل (576) شخصاً، منهم (374) من مقاتلي "داعش"، و(121) من قوات سوريا الديمقراطية وقوى الأمن الداخلي (آسايش)، و(77) من حراس السجن والإداريين المناوبين الذين كانوا موجودين في أثناء الساعات الأولى من الهجوم، فضلاً عن مقتل (4) مدنيين، كما أن عشرات الجرحى كانت إصاباتهم خطرة[7].

---

5. لمزيد من التفاصيل، انظر: أنس شواخ، "اختبار داعش لخطة هدم الأسوار: الهجوم على سجن الحسكة نموذجاً،" **تقرير تحليلي**، مركز جسور للدراسات، كانون الثاني/ يناير 2022، ص ص 6-7.
Mohamed Hassan and Samer al-Ahmed, Op. Cit.

6. لمزيد من التفاصيل، انظر:
Ben Hubbard, "ISIS, Thriving in Unstable Places, Proves It's Still a Threat, *The New York Times*, January 29, 2022. https://www.nytimes.com/2022/01/29/world/middleeast/isis-syria-iraq.html; Rukmini Callimachi, "ISIS Caliphate Crumbles as Last Village in Syria Falls," *The New York Times*, March 23, 2019. https://www.nytimes.com/2019/03/23/world/middleeast/isis-syria-caliphate.html; Taim Al-Hajj, "The Insurgency of ISIS in Syria." *Sada: Middle East Analysis*, Carnegie Endowment for International Peace, March 15, 2022. https://carnegieendowment. org/sada/86643

7. لمزيد من التفاصيل، انظر: سجن الحسكة.. داعش ما زال يثير المخاوف، **جريدة البيان الإماراتية**، 2022/2/3. مُتاح على الرابط الآتي:https://www.albayan.ae/world/arab/2022-02-03-1.4361105؛ هبة القدسي وكمال شيخو، مرجع سبق ذكره؛ اشتباكات في محيط سجن هاجمه "داعش" في سوريا، **جريدة الشرق الأوسط اللندنية**، 2021/1/29، مُتاح على الرابط الآتي: https://aawsat.com/home/article/3443921.

3. أن العملية تطرح جملة من التساؤلات حول كيفية وصول هذا العدد من مقاتلي التنظيم بأسلحتهم وسياراتهم المفخخة إلى سجن يُفتـرض أنه في منطقة هـي الأكثر تأميناً وحماية من قبل "قـوات سـوريا الديمقراطيـة"، ومصـادر هـذا الكـم مـن الأسـلحة والمتفجرات التي استخدمها التنظيـم في تنفيـذ العمليـة، والعوامـل التـي مكنتـه مـن التحضيـر والتخطيط لعملية مركبة من هذا النوع، وبخاصة فيما يتعلق بالتنسـيق بيـن السجناء في الداخل، وخلايا التنظيم في الخارج. وهنا طرح بعضهم بقوة فرضية تَمَكُّن التنظيم من اختراق "قوات سوريا الديمقراطية" بشكل أو بآخر، الأمر الـذي مكـن مقاتليه من تخطي كل الحواجـز الأمنيـة المحيطـة بالسجن دون أن يعترضـهم أحـد[8]. وحسب بعض المصادر فإن "الاختراق الأمني لصفوف قـوات سـوريا الديموقراطيـة ليس وليد عملية السجن، لكن الأخـيرة كشفت أشكالاً جديـدة لـه غـير تقليديـة. فالتنظيم بعد عودته إلى العمل الأمني بعد سقوط مخيم البـاغوز عـام 2019، سـعى إلى الاستفادة من عناصـره السابقين الذين انضموا إلى "قسـد"، بهـدف تجنـب عمليـات الملاحقة الأمنية، ومحاولة حماية أنفسهم من المجتمعات المحلية الناقمة عـلى التنظيـم، عـبر الإبقـاء عليـهم داخـل تلـك القـوات؛ ليكونـوا أداة خـرق تنقـل المعلومـات والتحركات العسكرية لقادة التنظيم وخلاياه المنتشـرة في مناطق شـرق الفرات. وهذا ما جَنَّبَ التنظيم الكثير من عمليات الملاحقة، وأسـهم في اسـتمرار هجماتـه إلى يومنا هذا"[9]. ومن اللافت للنظر في هذا المقام أنه كانت هناك مؤشـرات تـدل عـلى احـتمال قيام "داعش" باقتحام سجون تضم مقاتليه، حيث إن ذلك يمثل توجهاً اسـتراتيجياً له. كما أنه أعلن غير مرة تعهده بالعمل من أجل إطلاق سـراح سجنائه ،باعتبـار أن ذلك يرفده بمزيد مـن العناصـر المدربـة عسكرياً والجاهزة للانخـراط في أنشطته

---

8. لمزيد من التفاصيل، انظر: كمال شيخو، مرجع سبق ذكره؛ هبة القدسي وكمال شيخو، "واشـنطن تشـيد بدور "قسد" في إنهاء تمرد "داعش" في الحسكة،" جريدة الشرق الأوسط اللندنية، 2022/2/1. مُتاح على الرابط الآتي:

https://aawsat.com/home/article/3448261

9. انظر: Mohamed Hassan and Samer al-Ahmed, Op. Cit.

الإرهابية. وعلى الرغم من أن التنظيم لم يحقق الأهداف التي كان يصبو إليها من وراء عملية سجن الصناعة، إلا أنه من غير المستبعد أن ينفذ عمليات مماثلة في المستقبل[10].

4. أنه على الرغم من فشل العملية، وقتل المئات من عناصر "داعش"، إلا أن عملية سجن الصناعة أكدت أن التنظيم ما يزال يشكل مصدراً للتهديد في سوريا. وبحسب كثير من المراقبين والمحللين فإنه من دون الهجمات الجوية المكثفة التي نفذتها قوات التحالف الدولي لمحاربة تنظيم "داعش" بقيادة الولايات المتحدة الأمريكية، فإن "قوات سوريا الديمقراطية" كانت ستواجه تحديات أكبر في استعادة السيطرة على السجن. وعلى الرغم من الدعم الكبير الذي قدمته قوات التحالف، فإن المواجهات المسلحة بين "قوات سوريا الديمقراطية" ومقاتلي "داعش" استمرت لأكثر من أسبوع على نحو ما سبق ذكره. وإذا ما تم النظر إلى فروع "داعش" الأخرى وخلاياه النائمة المنتشرة في دول عدة، وبخاصة في آسيا وأفريقيا، يمكن القول: إن "داعش"ما يزال يمثل تهديداً عالمياً بمعنّى من المعاني. وفي هذا الإطار، أكد مستشار الأمن القومي الأمريكي، جاك سوليفان، على أن "داعش ما يزال يشكل تهديداً عالمياً يتطلب حلاً عالمياً. والولايات المتحدة ما تزال ملتزمة بالعمل مع شركائنا في العراق وشمال شرق سوريا ومع تحالف هزيمة داعش لمواجهة تهديد التنظيم لأوطاننا"[11].

5. على الرغم من تأكيد "قوات سوريا الديمقراطية" على استسلام جميع المهاجرين والسجناء الذين تمردوا من داخل السجن، إلا أن مصادر عديدة أشارت إلى أن العشرات وربما المئات من السجناء قد تمكنوا من الفرار، وبخاصة خلال الساعات الأولى لاقتحام السجن. ولعل هذا ما يفسر تواصل عملية التمشيط التي قامت بها

---

10. لمزيد من التفاصيل، انظر: تقرير: داعش خطط للعودة قبل فترة طويلة من هجوم الحسكة، **الحرة**، 28/1/2022. مُتاح على الرابط الآتي:

https://www.alhurra.com/arabic-and-international/2022/01/28

Jared Malsin and Benoit Faucon, "Islamic State Plotted Comeback Long Before Syria Prison Attack," *The Wall Street Journal*, 28 January, 2022. https://www.wsj.com/articles/islamic-state-plotted-comeback-long-before-syria-prison-attack-1643381486

11. انظر: هبة القدسي وكمال شيخو، مرجع سبق ذكره.

"قوات سوريا الديمقراطية" في المناطق المحيطة بالسجن بعد إعلان استعادة السيطرة عليه. وقد تخلل هذه العملية حدوث اشتباكات مع بعض خلايا التنظيم. وحسب "المرصد السوري لحقوق الإنسان"، فإن بعض الفارين من السجن تمكنوا من الدخول إلى تركيا[12].

6. أن عملية سجن الصناعة أعادت إلى الأذهان الاستراتيجية التي سبق أن طبقها "داعش" في العراق عام 2013، والمعروفة باسم "هدم الأسوار". وفي هذا الإطار، "شكّل هجوم شنّه تنظيم البغدادي على سجنين في العراق لتحرير متشددين محتجزين فيهما، شارة الصعود السريع لما أُطلق عليه لاحقاً دولة الخلافة المزعومة. ففي 22 يوليو (تموز) 2013، هاجم مسلحون ترافقهم عربات مفخخة سجنيْ أبو غريب والتاجي، وحرروا ما لا يقل عن (500) نزيل بينهم عدد من كبار القادة المتشددين، بما في ذلك أعضاء من القاعدة عليهم أحكام إعدام. شكّل تحرير السجناء بداية زحف "داعش" على المدن العراقية التي تساقطت كأوراق الخريف، بدءاً بالفلوجة وانتهاء بالموصل، المدينة التي تحوّلت منذ صيف عام 2014 إلى عاصمة ما أُطلق عليها دولة الخلافة المزعومة الممتدة على أرجاء واسعة من أراضي العراق وسوريا"[13]. وهكذا يتضح أن هدف التنظيم من وراء اقتحام السجون هو تحرير أعضاء التنظيم وكوادره المحتجزين فيها، مما يؤدي إلى تعزيز صفوفه من خلال رفدها بالمزيد من العناصر

---

12. لمزيد من التفاصيل، انظر: مصطفى هاشم، **مرجع سبق ذكره**؛ كمال شيخو، "تمرد سجن الحسكة: عشرات فروا في الساعات الأولى،" **جريدة الشرق الأوسط اللندنية**، 2022/1/31. مُتاح على الرابط الآتي: https://aawsat.com/home/article/3446371؛ "المرصد السوري": فارّون من "داعش" وصلوا إلى تركيا،" **جريدة الشرق الأوسط اللندنية**، 2022/2/7. مُتاح على الرابط الآتي:
https://aawsat.com/home/article/3459701

Louisa Loveluck and Sarah Cahlan, "Prison Break: ISIS Fighters Launched a Brazen Attack to Free Their Comrades," *The Washington Post*, February 3, 2022. https://www.washingtonpost.com/world/2022/02/03/syria-hasakah-isis-prison-attack/

13. انظر: كمال الطويل، "تمردات انتهت بمأساة أو بدفعة للجماعات المسلحة،" **جريدة الشرق الأوسط اللندنية**، 2022/1/23. مُتاح على الرابط الآتي: https://aawsat.com/home/article/3430211

البشـرية المدربة. ولذلك فإنه من غير المستبعد أن يكرر "داعش" مثـل هـذه الهجـمات في المستقبل.

ثالثاً: عملية سجن الصناعة.. التداعيات

تتمثل أهم التداعيات، القائمة والمحتملة، لعملية سجن الصناعة فيما يأتي:

1. أن حدة المواجهات بين مقاتلي "داعش" و"قوات سوريا الديمقراطية"، واستمرارها لفترة زمنية طويلة نسبياً، دفعت نحو (45) ألف شخص من قاطني المناطق المحيطة بالسجن إلى الفرار من منازلهم. وقد اضطر بعضهم إلى الإقامة في مساجد أو صالات أفراح بمدينة الحسكة، فيما لجأ العدد الأكبر منهم إلى منازل أقرباء لهم بعيدة من منطقة المواجهات[14]. وفي مثل هذه الحالات، فإنه عادة ما تمثل عودة السكان إلى منازلهم فيما بعد تحدياً كبيراً، ولا سـيما أن المواجهات المسلحة كثيراً مـا تـؤدي إلى تـدمير منازل ومنشآت ومرافق للبنية التحتية. ومـن المـرجح أن عـدم تمكـن سكـان حَيَّيْ الزهـور وغويران من العودة إلى منازلهم قد يترتب عليه حـدوث تغيير ديمـوغرافي في مدينة الحسكة ذات الأغلبية العربية[15].

2. أن عملية سجن الصناعة أعادت مجدداً طرح قضية تأمين السجون التي تضم مقاتلي تنظيم "داعش" في مناطق الإدارة الذاتية في شمال وشرق سوريا. فعملية تأمين هـذه السجون تفوق قدرات "قوات سوريا الديمقراطية" وإمكانياتها. وأبسط دليـل عـلى ذلك أن المواجهات المسلحة المرتبطة بعملية سجن الصناعة بحي غـويران استمرت طوال أكثر من أسبوع. وبغض النظر عن مدى صحة الاتهامات التي وَجَّهَتْها "قوات سوريا الديمقراطية" بشأن ضلوع جهات أخرى، سورية وغير سورية، في التخطيط للعملية أو تقديم تسهيلات لتنفيذها، فالمؤكـد أن هنـاك ثغـرات أمنيـة كبيرة مكنت

---

14. لمزيد من التفاصيل، انظر: ضياء عودة، مرجع سبق ذكره.

15. لمزيد من التفاصيل، انظر: أنس شواخ، مرجع سبق ذكره، ص 7.

عناصـر "داعش" مـن الوصـول إلى مبنى السجن، وتنفيذ عملية بهذا الحجم. وبحسب كثير مـن التقاريـر، فإن قوات التحالف الدولي لمحاربة تنظيم "داعش" بقيادة الولايات المتحدة الأمريكية لعبت دوراً حاسماً في إنهاء التمرد، وملاحقة خلايا التنظيم. وفي هذا الإطـار، تطرح عملية سجن الصناعة العديد مـن التسـاؤلات بشـأن أوضـاع التـأمين والحماية على مستوى السجون الأخرى التي تضم مقاتلي "داعش". وتطرح قبل ذلـك معضلة هؤلاء السجناء الذين يحملون جنسيات العشـرات من الدول. ومن المعروف أن معظم هذه الدول ترفض استقبال مواطنيها ومحاكمتهم بحسب القـوانين المعمـول بها لديها، بل إن هناك دولاً أسقطت الجنسية عنهم من أجل إغلاق هذا الملف نهائياً. وسوف تُتناول هـذه القضيـة بشـيء مـن التفصـيل عنـد مناقشـة مستقبل تنظيم "داعش" في سوريا والعراق (الفصل الخامس).

3. أن العملية شكلت مناسبة استغلها كل من النظام السوري وروسيا لتوجيه انتقادات لـ "قوات سوريا الديمقراطية" والقوات الأمريكية في شمال شـرقي سـوريا، وذلـك باعتبار أن ما حدث يمثل خرقاً أمنياً فاضحاً، وأن هروب عدد من سـجناء "داعـش" سوف تترتب عليه زيادة التهديدات. ومن هنا، فقد طالب النظام السـوري بالمشـاركة في إدارة السجون لمنع مثل هذه الخروقات. ودعمت روسيا مطلبه بهذا الشأن، مؤكدةً ضـرورة إجراء حوار سوري –كردي لضمان تأمين المنطقة[16].

4. أن العملية أعادت إلى الواجهة من جديد مسـألة أطفـال "داعـش"، ذلـك أن سـجن الصناعة الذي تعرض لهجوم "داعش" كان يضم نحو (3500) مـن مقاتلي التنظيم، فضلاً عن حوالي (850) طفلاً تتراوح أعمارهـم مـا بـين (10) و(18) عامـاً. وهـؤلاء الأطفال هم أبناء لعناصـر من "داعش"، بعضهم قُتل، والآخرون في السجون. كما أن معظم هؤلاء الأطفال سوريون وعراقيون، فيها ينتمي الباقون إلى أكثر مـن (20) دولـة أخرى. وترفض هذه الدول حتى الآن استقبالهم. وقد احتُجز الأطفـال في سـجن

---

16. لمزيد من التفاصيل، انظر: أنس شواخ، مرجع سبق ذكره، ص. 6.

الصناعة بعد أن عُدُّوا أكبر من أن يمكثوا في مخيمات احتجاز عائلات أعضاء تنظيم "داعش". واتهمت "قوات سوريا الديمقراطية" مقاتلي "داعش" باستخدام هؤلاء الأطفال دروعاً بشريةً في أثناء المواجهات داخل السجن[17]. ومهما يكن من أمر، فإن هؤلاء الأطفال، والآلاف من أقرانهم الموجودين في سجون أخرى ومخيمات تحت حراسة "قوات سوريا الديمقراطية"، يمثلون أحد أبرز العوامل ذات الصلة بمستقبل تنظيم "داعش" على نحو ما سيأتي ذكره بالتفصيل. ويتمثل التحدي الكبير هنا في كيفية إيجاد حلول ناجعة لهذه المعضلة.

5. نظراً لأن عملية سجن الصناعة كشفت عن حجم التهديد الذي ما يزال تنظيم "داعش" يمثله في سوريا، فإنه من المتوقع أن تحصل "قوات سوريا الديمقراطية" على مزيد من الدعم من قوات التحالف الدولي المنخرط في محاربة التنظيم. كما أنه من المتوقع كذلك إرجاء التفكير في سحب القوات الأمريكية من سوريا، حيث يوجد حالياً نحو (900) جندي أمريكي في مناطق شمال شرق سوريا. ولكن بالمقابل سعت كل من روسيا وإيران والنظام السوري وتركيا إلى تحميل "قوات سوريا الديمقراطية" مسؤولية ما حدث، مع تأكيد عدم قدرتها على تأمين وحماية الأراضي الواقعة تحت سيطرتها، ولا سيما أنها مجرد سلطة أمر واقع لا تمتلك أية شرعية دولية[18]. ومثل هذه الأوضاع تطرح سؤالاً كبيراً حول فرص واحتمالات التوصل إلى تسوية سياسية للأزمة السورية، تتم في إطارها معالجة ملفات معقدة من قبيل ملفي سجناء وأطفال "داعش".

---

17. لمزيد من التفاصيل، انظر: سجن غويران: قوات سوريا الديمقراطية تعلن "استعادة السيطرة" بعد هجوم لتنظيم الدولة الإسلامية، *BBC News* عربي، 2022/1/26. مُتاح على الرابط الآتي:

https://www.bbc.com/arabic/middleeast-60129458

18. لمزيد من التفاصيل، انظر: مركز الإمارات للسياسات، "هجوم داعش على سجن غويران في الحسكة السورية: دوافعه ومآلاته، قضايا متخصصة، 2022/2/10. مُتاح على الرابط الآتي:

https://epc.ae/ar/details/featured/hujum-daysh-ala-sijn-ghuyran-fi-alhaska-alsuwria-dawafieuh-wamalatuh

6. على الرغم من فشل تنظيم "داعش" في تحقيق أهدافه من وراء عملية سجن الصناعة، ولا سيما أنها انتهت بمقتل المئات من عناصره، الأمر الذي يمثل بلا شك ضربة قوية له، إلا أن هذا لا يعني نهاية التنظيم أو تدمير قدرته على شن عمليات إرهابية جديدة. ومن المتوقع أن يترتب على هذه العملية حدوث تراجع نسبي في أنشطة التنظيم، ولا سيما أنه فقد بعدها بأيام قليلة زعيمه أبا إبراهيم الهاشمي القرشي. ولكن مثل هذا التراجع سوف يكون على الأرجح مؤقتاً ما بقيت العوامل والظروف التي تمثل بيئات ملائمة لاستمرارية تنظيم "داعش" وتمدده. وهذا ما تؤكده الخبرة التاريخية للتنظيم منذ بدايات نشأته الأولى في العراق.

7. أن عملية سجن الصناعة بحي غويران في سوريا كان لها صداها في العراق، حيث كانت هناك خشية من تمكن بعض مقاتلي "داعش" الذين فروا من سجن الصناعة من دخول الأراضي العراقية، ناهيك عن وجود الآلاف من مقاتلي التنظيم في سجون عراقية. وقد خبر العراق من قبل مسألة اقتحام السجون وتداعياتها الكارثية، وذلك عندما اقتحم التنظيم في عام 2013 سجني أبو غريب والتاجي، وتمكن من إطلاق سراح حوالي (500) من مقاتليه، الأمر الذي عزز من قدرته، ومكنه في عام 2014 من احتلال حوالي ثلث مساحة العراق. وعلى خلفية ذلك، اتجهت الحكومة العراقية نحو تشديد الرقابة على الحدود، من خلال تنشيط التحركات الأمنية وتكثيف العمل الاستخباراتي لمنع تسلل عناصر "داعش" داخل العراق. ومن المعروف أن الحدود بين البلدين تمتد لأكثر من (600) كم، وترتبط بمناطق صحراوية شاسعة، تمتد من الحسكة شرقاً إلى ريف حمص الشرقي، وتقابلها في الجانب العراقي الأنبار والموصل. وتمثل هذه المناطق حوالي ثلث مساحة سوريا، وربع مساحة العراق، وهو ما يكشف عن جانب من الصعوبات التي تكتنف عملية تأمين هذه المناطق الحدودية الشاسعة بين البلدين. كما قامت الجهات الأمنية المعنية في العراق بمراجعة وتشديد إجراءات حماية

وتأمين السجون العراقية تفادياً لتكرار عمليات اقتحام هذه السجون أو حدوث تمرد داخلها[19].

وخلاصة القول: إن عملية سجن الصناعة التي نفذها تنظيم "داعش" في يناير 2022 كانت كاشفة. إذ كشفت، من ناحية أولى، عن حجم الخطر والتهديد الذي ما يزال يمثله التنظيم في سوريا. وكشفت، من ناحية ثانية، عن أوجه القصور التي تعاني منها "قوات سوريا الديمقراطية" بشأن حماية وتأمين السجون في مناطق الإدارة الذاتية في شمال سوريا وشرقها، والتي تضم عشرات الآلاف من عناصر التنظيم. كما أنها أكدت أن سجناء وأطفال "داعش" في مناطق الإدارة الذاتية يمثلون قنابل موقوتة يمكن أن تنفجر في أي وقت، وأن ما حدث في سجن الصناعة يمكن أن يتكرر في سجون أخرى ما بقيت هذه الملفات عالقة دون حلول جذرية.

---

19. لمزيد من التفاصيل، انظر: بعد واقعة سجن الحسكة.. العراق يستنفر قواته "لحماية الحدود"، **سكاي نيوز عربية**، 2022/1/21. مُتاح على الرابط الآتي: https://www.skynewsarabia.com/middle-east/1495346-: وحدة الدراسات والتقارير، "ملف تنظيم داعش في سوريا والعراق   .القدرات والتسلح والتخطيط،" **دراسات**، المركز الأوربي لدراسات مكافحة الإرهاب والاستخبارات، 2022/13. مُتاح على الرابط الآتي: https://www.europarabct.com

الفصل الثالث

في أسباب تصاعد دور تنظيم "داعش" في سوريا والعراق

يتناول هذا الفصل بالتحليل والتقييم أهم العوامل التي تفسـر اسـتمرارية تنظيم "داعش"، وتصاعد دوره في كل من سوريا والعراق، على الرغم من كل الهزائم التي لحقت به، والضـربات الأمنية الموجعة التي وُجهت إليه. ومثل هذه الظاهرة لا يمكن تفسـيرها استناداً إلى عامل واحد فحسب، بـل إلى مجموعـة متشـابكة مـن العوامـل، بعضهـا يتعلـق بالتنظيـم ذاتـه، فـيما يتصـل بعضهـا الآخـر بالأوضـاع والتطـورات السياسـية والأمنيـة والاقتصادية السـائدة في كل من سـوريا والعراق، والبيئـات الجغرافيـة التي ينشـط فيهـا التنظيم.

وبصفة عامة، تتمثل أهم العوامل التي تفسـر اسـتمرارية تنظيم "داعـش" وتصاعد دوره في كل من سوريا والعراق، في: طبيعة القوة البشـرية للتنظيم، متمثلـة في عناصـره النشطة وخلاياه النائمة المنتشـرة في البلدين، فضلاً عن قدرته على التكيف مع المستجدات. يُضاف إلى ذلك هشاشة الدولة في سوريا والعراق، حيـث تفتقر إلى أحـد أهـم مقومـات الدولة بحكم التعريف، وهو احتكار حق الاستخدام المشروع للقوة. ويمثل هـذا العامـل حجر الزاوية في فهم وتفسير ظهور وتمدد "داعش" وغيره من الفاعلين المسلحين من غـير الدول في البلدين، ذلك أن من أهم ملامح الدولة الهشة عجزُ الدولة عن فـرض سـيطرتها على كامل إقليمها، مما يترتب عليه وجود فراغات أمنية توفر للتنظيم ملاذات آمنة، وتسمح لعناصـره بقدر من حرية الحركة. كما أن الأزمات الاقتصادية والاجتماعيـة والسياسـية، الحادة والمتزامنة، التي تعصف بالبلدين، تخلق بيئة ملائمـة لاسـتمرارية التنظيـم وتصاعد دوره. وبالإضافة إلى ذلك، فإنه لا يمكن في هذا المقام إغفال الثغرات الأمنية التي تشـوب

استراتيجيات محاربة تنظيم "داعش" في سوريا والعراق، والتي تصب في نهاية المطاف في مصلحة التنظيم.

وجدير بالذكر أن بعض العوامل التي تفسر استمرارية تنظيم "داعش" وتصاعد دوره في سوريا والعراق في مرحلة ما بعد البغدادي هي استمرارية العوامل نفسها التي أسهمت في صعود التنظيم خلال فترته الذهبية بين عامي 2013 و2017، وبخاصة فيما يتعلق بهشاشة الدولة، والفراغ الأمني، والأزمات السياسية والاقتصادية. كما أن العوامل نفسها سوف تلقي بتأثيراتها على مستقبل التنظيم من حيث تعزيز قدرته على الاستمرارية مع تمدد دوره، وذلك في حال استمرار تلك العوامل وبقائها كما هي دون حلول أو معالجات جادة، أو تؤدي بالمقابل إلى محاصرته وتدمير مصادر قوته، بحيث يتراجع دوره بصفته مصدراً للخطر والتهديد، وذلك في حال التوصل إلى تسويات تاريخية تؤسس لإعادة بناء الدولة الوطنية على أسس جديدة، وتضع حداً لحالة الفراغ الأمني والانقسامات السياسية في البلدين.

وبناءً على ما سبق، يغطي هذا الفصل النقاط الآتية:

أولاً: القوة البشرية لتنظيم "داعش" وقدرته على التكيف مع المستجدات

ثانياً: هشاشة الدولة

ثالثاً: الفراغات الأمنية

رابعاً: الأزمات الاقتصادية والاجتماعية والسياسية الممتدة

خامساً: فجوات استراتيجيات محاربة تنظيم "داعش"

وفيما يلي عرض للنقاط السابقة بشيء من التفصيل.

أولاً: القوة البشرية لتنظيم "داعش" وقدرته على التكيف مع المستجدات

في أعقاب الهزيمة العسكرية لتنظيم "داعش" في كل من سوريا والعراق، فر الآلاف من مقاتليه، وبخاصة من العراقيين والسوريين، وانخرطوا في بعض المجتمعات المحلية، وبالذات تلك الواقعة في مناطق رخوة أمنياً. وبحسب العديد من المصادر بها في ذلك تقارير صادرة عن الأمم المتحدة، فإنه يوجد للتنظيم حالياً حوالي عشرة آلاف مقاتل نشط في كل من سوريا والعراق. كما أن هناك نحو عشرين ألفاً يمثلون خلايا نائمة، هي بمنزلة رصيد بشري للتنظيم في البلدين[1].

وتضم الخلايا النائمة لتنظيم "داعش" عناصر إرهابية موالية له، تعيش وسط تجمعات بشرية في قرى أو مدن أو بَوَادٍ بشكل طبيعي، دون الكشف عن هويتها أو إثارة الشكوك حولها. وهي تنخرط في عمليات إرهابية بناءً على أوامر وتوجيهات من قيادات التنظيم، أو بمبادرات فردية تطبيقاً لاستراتيجية "الذئاب المنفردة" التي يتبناها التنظيم. وبالإضافة إلى الانخراط في تنفيذ عمليات وأنشطة إرهابية، تقوم هذه الخلايا بأنشطة سرية أخرى تخدم التنظيم مثل: التجسس وجمع المعلومات وتوفير بعض مصادر التمويل. وقد لعبت خلايا نائمة لـ "داعش" دوراً مهماً في عملية سجن الصناعة. ويشكل التعامل مع الخلايا النائمة تحدياً كبيراً لأجهزة مكافحة الإرهاب، وذلك بحكم أنها منخرطة بشكل طبيعي أو شبه طبيعي في تجمعات بشرية، الأمر الذي يتطلب التوسع في جمع معلومات استخبارية عن هذه الخلايا، ومن ثم استهدافها بضربات استباقية[2].

---

1. لمزيد من التفاصيل، انظر: حسين قايد، "لا يزال قوياً.. خطة داعش للعودة في سوريا والعراق،" **الحرة**، 2022/1/25. مُتاح على الرابط الآتي:

https://www.alhurra.com/arabic-and-international/2022/01/2

2. لمزيد من التفاصيل، انظر: سهام عبد الرحمن، "مكافحة الإرهاب .مخاطر الخلايا النائمة لتنظيم داعش في العراق،" **دراسات**، المركز الأوربي لدراسات مكافحة الإرهاب والاستخبارات، 2022/2/18. مُتاح على الرابط الآتي: https://www.europarabct.com بـ "الخلايا النائمة".. "داعش" يعوض خسارة عناصره والأرض، **سكاي نيوز عربية**، 2022/2/20. مُتاح على الرابط الآتي:

https://www.skynewsarabia.com/middle-east/1502867

وتُعَدُّ القوة البشرية لتنظيم "داعش" متمثلة في عناصره النشطة وخلاياه النائمة من بين الأسباب الرئيسية التي تفسر استمراريته وتصاعد دوره في كل من سوريا والعراق. ومما ساعد على ذلك أن جُل عناصر التنظيم مدربة عسكرياً، ومشبعة بأيديولوجيته التكفيرية، الأمر الذي يجعلها قادرة على الانخراط بسهولة في الأنشطة والعمليات الإرهابية التي ينفذها التنظيم.

كما أن قدرة تنظيم "داعش" على التكيف مع المستجدات مكنته من تجاوز هزيمته بسرعة، ومن ثم إعادة تنظيم صفوفه، واستئناف أنشطته الإرهابية. وقد تجلت القدرة على التكيف في عدة أشكال، منها: أنه بعد تفكيك دولته المزعومة (دولة الخلافة الإسلامية) انتقل بسرعة من الخلافة الواقعية إلى الخلافة الافتراضية "فالتنظيم أدرك مباشرة أنّ الخلافة بالمعنى الواقعي المحسوس على الأرض انتهت، مع فقدان المدن الكبرى، لكنه – في الوقت نفسه – حافظ على "رمزيتها" لدى الأتباع والمؤيدين، فتحولت من أمر واقعي إلى افتراضي، ما وفّر للتنظيم غطاءً فكرياً وأيديولوجياً للعلاقة بينه وبين الفروع المختلفة في أنحاء العالم، وأبقى الرسالة العالمية له فعّالة... والماكينة الإعلامية تضخ هذه الرسالة باستمرار، ما يعني عدم ترك فراغ بإعلان نهاية الخلافة رسمياً وعلنياً"[3].

وفي أعقاب اغتيال زعيمه أبي بكر البغدادي في أكتوبر 2019، تم تنصيب أبي إبراهيم الهاشمي القرشي خليفة له في أقل من أسبوع، وبالتالي لم يحدث أي فراغ قيادي على مستوى التنظيم. كما أنه غَيَّرَ من استراتيجيته الحركية، وذلك من خلال تكريس اللامركزية على مستوى أنشطته، مما أعطى فروعه وخلاياه مساحة أوسع للحركة حسب المعطيات والظروف المحيطة بكل منها. كما تخلى التنظيم عن فكرة السيطرة على مناطق جغرافية والتمسك بها، فضلاً عن الاتجاه نحو العمل السري بدلاً من المواجهات المفتوحة التي خاضها دفاعاً عن الأراضي التي كانت تحت سيطرته. وهنا لجأ التنظيم إلى استخدام أساليب حرب العصابات، حيث يقوم أفراد أو مجموعات صغيرة من مقاتليه بتنفيذ

---

3. انظر: د. محمد أبو رمان، "مستقبل داعش: عوامل القوة والضعف.. ديناميكيات "الخلافة الافتراضية" وفجوة استراتيجيات مكافحة الإرهاب، **دراسة**، مؤسسة فريدريش إيبرت - مكتب عمان، 2020، ص. 19.

عمليات سـريعة ثم الاختفاء بعيداً عن الأنظار في مناطق وعرة يصعب الوصول إليها من قبل قوات الأمن. وفي هذا الإطار، بدأ مقاتلو التنظيم يتمركزون في البادية السـورية حيـث الوديان والكهوف والكثبان الرملية، وكـذلك في المناطق الصـحراوية والجبلية في غـرب وشمال غربي العراق. كما تنوعت أساليب حرب العصابات التي يمارسها التنظيم، وهي في معظمها أساليب منخفضة التكلفة، حيث لا يحتاج تنفيذها إلى ميزانيات مالية ضخمة[4].

وهكذا عززت القوة البشـرية النشطة والخلايا النائمـة لتنظيم "داعـش"، وكـذلك قدرته على التكيف مع المستجدات، من فرص استمراريته في كل من سوريا والعراق، حيث إنه تأقلم بسـرعة لافتة مع فقدانه الأراضي ومصادر التمويل التي كانت تحت سـيطرته، وتدمير قدراته العسكرية الثقيلة، ومقتل وإصابة الآلاف من مقاتليه، واعتقال آلاف آخرين منهم، فضلاً عن اغتيال زعيمه أبي بكر البغدادي. وعلى الـرغم مـن كـل ذلـك، استطاع التنظيم خلال فترة وجيزة أن يعيد تنظيم صفوفه، ويستأنف أنشطته الإرهابية في البلدين.

ثانياً: هشاشة الدولة

وفقاً لمؤشـر الدول الهشة لعام 2021 الصادر عن صندوق السلام بالولايات المتحدة الأمريكية، جاءت كل من سوريا والعراق ضمن قائمة أعلى (20) دولة على مستوى العالم

---

4. لمزيد من التفاصيل، انظر: مركز الإمارات للسـياسات، "عودة نشـاط داعـش في سـوريا: الـدوافع والتداعيات،" **قضايا متخصصة**، مركز الإمارات للسياسات، 2020/11/18. مُتاح على الرابط الآتي:
https://epc.ae/ar/topic/resurgence-of-isis-activities-in-syria-motivations-and-consequences

داعـش، "هل يسيطر مجدداً على أراض بسوريا والعراق؟،" **سكاي نيـوز عربية**، 2021/3/15. مُتاح على الرابط الآتي: https://www.skynewsarabia.com/middle-east/1421816؛ وليـد عبـد الـرحمن، "داعـش يسـتعيد أسـاليب إرهابيـة قديمـة." **جريـدة الشـرق الأوسـط اللندنيـة**، 2020/2/2. مُتـاح علـى الـرابط الآتـي: https://aawsat.com/home/article/2110916/، من يقـف خلفهـا... عـودة عمليات استهداف أبراج الطاقة في العراق، **RT**، 2021/8/5. مُتاح على الرابط الآتي: https://arabic.rt.com/middle_east/1259270

Rukmini Callimachi, "D escribed as Defeated, Islamic State Punches Back with Guerrilla Tactics," *The New York Times*, January21, 2019. https://www.nytimes.com/2019/01/21/world/middleeast/isis-syria-attack-iraq.html; Sarah Hunaidi, "ISIS Has Not Been Defeated. It's Alive and Well in Southern Syria, Foreign Policy, April 3, 2019. https://foreignpolicy.com/2019/04/03/isis-has-not-been-defeated-its-alive-and-well-in-southern-syria

من حيث درجة الهشاشة. فسوريا احتلت المرتبة الثالثة من إجمالي (179) دولـة، فيـما شغـل العراق المرتبة العشـرين[5]. ومن أبرز سمات الدولة الهشـة أنهـا تفتقـر إلى واحـدة مـن أهـم خصائص الدولة بحكم التعريف، وهي القـدرة عـلى احتكـار ممارسـة حـق الاستخدام المشـروع للقوة، بحيث لا تكـون هنـاك تنظيـمات غير دولتية مسلحة تنازعها هذا الحـق. وفي هذا الإطار، تعاني الدولة الهشة من غياب سلطة مركزية قوية قادرة عـلى فـرض سـيطرتها على كامل إقليم الدولة. كـما تعجـز عـن تـوفير السـلع والخـدمات العامـة لمواطنيهـا، وفي مقدمتها الأمن، ناهيك على عجزها عن حماية حدودها، وتعرضها للاختراق الخارجي مـن بعض القوى الإقليمية والدولية[6].

وجدير بالذكر أن ظاهرة الدول الهشة أو المتصدعة في العالم العربي هي تجسيد لأزمة بناء الدولة الوطنية في هذه المنطقة من العالم. وتُعَدُّ هذه الأزمة بمنزلة المصدر الـذي تتفـرع منه أزمات عدة أخرى، حيث إن أزمـات مثـل الحـروب الأهليـة، وتمـدد أدوار الفـاعلين المسلحين من غير الدول، والتدخلات الخارجية في الشؤون الداخلية للـدول، والنزاعـات الطائفية والعرقية وغيرها، هي في جوهرها مجرد انعكاسات أو إفرازات لأزمة بنـاء الدولـة الوطنية. وعلى الرغم من أن هذه الأزمة لها جذروها وامتداداتها التاريخية، سواء في المرحلة الاستعمارية أو في مرحلة ما بعـد الاسـتقلال، إلا أنهـا تصـاعدت بشـكل حـاد في أعقـاب أحداث ما يُعرف بـ "الربيع العربي"، وما ترتب عليها من تداعيات كارثية، حيث انزلقت دول مثل سوريا وليبيا واليمن إلى أتون حروب أهلية طاحنة، أفضت إلى تصدعها، لدرجـة أن بعض هذه الدول باتت مهددة في وجودها بصـفتها كيانـات سياسـية. وتُعَدُّ ظاهرة

---

5. لمزيد من التفاصيل، انظر:
Fund for Peace, *Fragile States Index Annual Report 2021*, p. 7. https://fragilestatesindex.org/wp-content/uploads/2021/05/fsi2021-report.pdf

6. لمزيد من التفاصيل حول التعريف بمفهوم "الدولة الهشة" وأهم سماتها، انظر:
Robert I. Rotberg, "Failed States, Collapsed States, Weak States: Causes and Indicators," In: Robert I. Rotberg, (ed.), *State Failure and State Weakness in a Time of Terror* (Washington, D.C.: Brookings Institution Press, 2003); Robert I. Rotberg, (ed.), *When States Fail: Causes and Consequences* (Princeton: Princeton University Press, 2004); Mehran Kamrava, (ed.), *Fragile Politics: Weak States in the Greater Middle East* (London: C. Hurst and Co. Publishers, Ltd., 2016).

تصدع الدولة أكثر خطورة من هشاشة الدولة. فالدولة المتصدعة تعاني من انهيار أجهزتها ومؤسساتها، وتمزق إقليمها جغرافياً وسياسياً، حيث يقع تحت سيطرة كيانات سياسية وعسكرية عدة. ولا تقتصر قائمة الدول الهشة والمتصدعة في العالم العربي على سوريا والعراق فحسب، بل تضم دولاً أخرى مثل الصومال ولبنان والعراق والسودان[7].

وبخصوص حالة **سوريا**، يمكن القول: إن أزمة الدولة الوطنية سابقة على موجة الاحتجاجات العامة التي انطلقت ضد نظام الأسد في إطار أحداث ما يُعرف بـ "الربيع العربي". ولكن هذه الاحتجاجات وما تلاها من تداعيات قادت إلى تصدع الدولة السورية. ومن المعروف أن الاحتجاجات بدأت سلمية، ولكن نظراً لقيام النظام باستخدام القوة المفرطة ضد المحتجين، فقد انتقلت الثورة إلى العمل المسلح. ومع مرور الوقت تحولت سوريا إلى ساحة لحرب أهلية، أو بالأحرى حروب أهلية، انخرطت فيها أطراف محلية عديدة، كما تدخلت فيها أطراف إقليمية ودولية، لكل منها أجندته وحساباته. فهناك دول وتنظيمات مسلحة، مثل إيران وروسيا وحزب الله، تدخلت عسكرياً لدعم نظام الأسد، فيما تدخلت دول أخرى مثل تركيا والولايات المتحدة الأمريكية وبعض الدول العربية لدعم قوى وفصائل معارضة للنظام، الأمر الذي جعل الحرب الأهلية في سوريا بمثابة حرب بالوكالة. وتحت وطأة هذا الوضع بدأت الدولة السورية في التصدع، حيث إنه خلال الفترة من عام 2013 حتى عام 2016، فَقَدَ النظام السوري سيطرته على معظم إقليم الدولة السورية، وذلك لحساب تنظيم "داعش"، و "جبهة النصرة" التي غيرت اسمها لاحقاً إلى "هيئة تحرير الشام"، و"قوات سوريا الديمقراطية"، وغيرها من الفصائل والتنظيمات الجهادية المسلحة. كما أصبح لقوى إقليمية ودولية عديدة، مثل روسيا

---

7. لمزيد من التفاصيل حول أزمة بناء الدولة الوطنية في العالم العربي وتأثيراتها، انظر: د. حسنين توفيق إبراهيم، "الدول المتصدعة في العالم العربي: تحديات راهنة وآفاق مستقبلية، **مجلة الديمقراطية**، العدد 82 (إبريل 2021)؛ د. حسنين توفيق إبراهيم، "أزمة الدولة العربية وصراعات الهوية: مرحلة ما بعد الربيع العربي،" **كراسات استراتيجية**، العدد 289، المجلد السابع والعشرون، يونيو 2018).

Gregory Gause III, "The Price of Order: Settling for Less in the Middle East," *Foreign Affairs*, March/April 2022. https://www.foreignaffairs.com/articles/middle-east/2022-02-22/price-order

والولايات المتحدة الأمريكية وإيران وتركيا، وجودها العسكري على الساحة السورية. وفي هذا السياق، تداعت أجهزة الدولة ومؤسساتها، وفقدت قدرتها على تقديم السلع والخدمات العامة للمواطنين، الأمر الذي جعل أكثر من نصف سكان سوريا إمّا من النازحين في الداخل أو من اللاجئين في الخارج[8].

ويُشار إلى أن ميزان القوة على الأرض بدأ يميل تدريجياً لصالح نظام الأسد اعتباراً من عام 2016، إذ حال التدخل العسكري المباشر من جانب كل من روسيا وإيران وحزب الله دون سقوط النظام. كما أن الحرب التي استهدفت تنظيم "داعش"، والتي شاركت فيها أطراف إقليمية ودولية عديدة، انتهت بهزيمته، وسقوط آخر معاقله في مارس 2019. وكل ذلك مكن نظام الأسد من فرض سيطرته على نحو 70٪ الأراضي السورية. كما حدث تحول واضح في مواقف كثير من الأطراف الإقليمية والدولية تجاه النظام، حيث إن الدول التي كانت تجعل من رحيل الأسد شرطاً لأية تسوية سياسية في سوريا مثل تركيا وفرنسا والسعودية والولايات المتحدة الأمريكية وغيرها غيّرت من مواقفها بخصوص هذه المسألة، بل إن بعض الدول العربية مثل الإمارات العربية المتحدة والبحرين وغيرهما أعادت فتح سفاراتها في دمشق. كما أن هناك توجهاً عربياً لإعادة سوريا إلى جامعة الدولة العربية[9].

---

8. لمزيد من التفاصيل، انظر: د. مصطفي عبد العزيز، "تعدد الأدوار في الأزمة السورية تداعياتها على فرص الحل واحتمالات المستقبل،" **مجلة شؤون عربية**، العدد 186، يونيو 2021؛ فايز سارة، "سوريا في مسار التدخلات الخارجية،" جريدة الشرق الأوسط اللندنية، 2022/2/8. مُتاح على الرابط الآتي: https://aawsat.com/home/article/3462021; Emile Hokayem, *Syria's Uprising and the Fracturing of the Levant* (New York: Routledge, 2013); Nikolaos Van Dam, *Destroying a Nation: The Civil War in Syria* (London: I. B. Tauris, 2017); Adam Baczko, Gilles Dorronsoro, and Arthur Quesany, *Civil War in Syria: Mobilization and Competing Social Orders* (Cambridge: Cambridge University Press, 2018).

9. لمزيد من التفاصيل، انظر:
Ranjit Gupta, "Understanding the War in Syria and the Roles of External Players: Way Out of the Quagmire?" *The Round Table*, Vol. 105, No. 1 (2016), pp. 29 - 41, Scott Lucas et al., "Syria: Who's Involved, and What Do They Want?" *The Conversation*, April 14, 2018. https://theconversation.com/syria-whos-involved-and-what-do-they-want-95002

وفي ضوء التحولات السالفة الذكر، تعرضت الدولة السورية لحالة من التصدع، وبخاصة في ظل الانقسامات العميقة بين النظام وفصائل المعارضة المسلحة التي ما تزال تسيطر على أجزاء من الأراضي السورية. فالكيان السوري اليوم موزع "بين ثلاث قوى، تمثل سلطات أمر واقع مؤقتة: أولها الجزء الواقع تحت سيطرة نظام الأسد بمشاركة الإيرانيين والروس، وما يتبعها من ميليشيات طائفية تسيطر عليها إيران وعصابات مسلحة، بينها مجموعة "فاغنر" الروسية، والجزء الثاني الممتد في منطقة شمال الفرات وشرقه الخاضع لسيطرة "قوات سوريا الديمقراطية" التي تدعمها الولايات المتحدة، ويقودها حزب "الاتحاد الديمقراطي" الكردي، وإلى جانبه مجموعة من القوى والأحزاب الهامشية، والجزء الثالث والأخير هو منطقة السيطرة التركية في شمال غربي سوريا، وتتشارك السيطرة فيها من الناحية العملية القوات التركية وتحالفها من بقايا جماعات سورية مسلحة، إضافة إلى "هيئة تحرير الشام" المحسوبة على تيار التشدد الإسلامي، والمصنفة بوصفها تنظيماً إرهابياً... والمناطق الثلاث محكومة بغياب القانون أو تغييبه، ويُسيطَر عليها بالسلاح والأيديولوجيا التي لا تتجاوز شعارات فارغة من أي معنى، وفساد تديره أقليات وظيفية متحكمة"[10].

وبالإضافة إلى تصدع إقليم الدولة السورية سياسياً وجغرافياً، فقد أدت الحروب الممتدة إلى تدمير بنيتها التحتية، فضلاً عن تفاقم الأوضاع الاقتصادية والاجتماعية للسكان، حيث إن هناك حوالي (14) مليون مدني باتوا بحاجة إلى مساعدات إنسانية، ونحو (12) مليون شخص ما بين لاجئين في الخارج، ونازحين في الداخل[11]. وقد أدى التباين الحاد في مواقف ورؤى الأطراف المحلية والإقليمية والدولية المنخرطة في الأزمة السورية إلى الحيلولة دون التوصل إلى تسوية سياسية حتى الآن (منتصف مايو 2022)، سواء عبر

---

10. لمزيد من التفاصيل، انظر: فايز سارة، "السوريون وقضيتهم على بوابة عام جديد!،" جريدة **الشرق الأوسط** اللندنية، 2021/12/26، مُتاح على الرابط الآتي: https://aawsat.com/home/article/3378691

11. لمزيد من التفاصيل، انظر: إبراهيم حمدي، "بيدرسن: لا خلافات استراتيجية بين أمريكا وروسيا في سوريا... ودعم دولي لـ"خطوة   .خطوة"، جريدة **الشرق الأوسط** اللندنية، 2022/1/29، مُتاح على الرابط الآتي: https://aawsat.com/home/article/3442631

مسار جنيف أو آستانة أو سوتشي. ولا توجد مؤشرات قوية ترجح احتمال التوصل إلى مثل هذه التسوية خلال المستقبل المنظور، مما يعني استمرار بعض مظاهر الأزمة والصراع السائدة حالياً على الساحة السورية. وتمثل هذه الأوضاع بيئة ملائمة لاستمرار تنظيم "داعش" وغيره من الفاعلين المسلحين من غير الدول.

أمّا بالنسبة إلى **العراق**، فقد كانت هناك جذور لأزمة الدولة الوطنية منذ بداية نشأة الدولة العراقية. فعلى الرغم من التعددية المجتمعية التي يتسم بها المجتمع العراقي (شيعة وسنة وأكراد وأقليات أخرى)، إلا أن السنة احتكروا السلطة، وتبنت النظم التي تعاقبت على الحكم – وبخاصة في عهد صدام حسين – آليات متنوعة لفرض سيطرتها، في مقدمتها القمع وبث ثقافة الخوف، فضلاً عن تهميش وإقصاء الجماعات الأخرى المختلفة دينياً وطائفياً وعرقياً[12]. فالاهتمام "بالتنوع الثقافي، والاعتراف به فيما بعد"، لم يكن كافياً، خصوصاً من الناحية القومية أو الإثنية أو الدينية أو الطائفية أو السلالية أو اللغوية أو غيرها، بل إن هناك تجاهلاً للتعددية قاد أحياناً إلى عدم الاعتراف، أو التقليل من شأن الآخر. لكن الإنكار أو التنكر وعدم الاعتراف بالحقوق لم يؤدِّ إلى وحدة ونقاء المجتمعات العربية، بل ازدادت إشكاليةً وانقساماً وتناقضاً. ولعل تلك واحدة من نواقص الدولة العراقية التي حفرت في أساساتها عميقاً، وأضعفت من وحدتها الوطنية، وأسهمت القوى الخارجية في استثمارها بالضد من المصالح العليا للعراق، وبخاصة في حال استمرار هضم الحقوق"[13].

---

12. لمزيد من التفاصيل حول جذور وخلفيات أزمة بناء الدولة الوطنية في العراق، انظر: فالح عبد الجبار، **الدولة والمجتمع المدني والتحول الديمقراطي في العراق** (القاهرة: مركز ابن خلدون للدراسات الإنمائية ودار الأمين للنشر والتوزيع، 1995).

Charles Tripp, *A History of Iraq* (Cambridge: Cambridge University Press, 2007); Phebe Marr and Ibrahim Al-Marashi, *The Modern History of Iraq* (London: Routledge, 2017).

13. لمزيد من التفاصيل، انظر: عبدالحسين شعبان، "صراع أم جدل الهويات في العراق،" **المستقبل العربي**، العدد 369 (تشرين الثاني/نوفمبر 2009)، ص. 149.

وفي أعقاب الغزو والاحتلال الأمريكي للعراق في عام 2003، والـذي ترتـب عليـه إطاحة نظام صدام حسـين، ارتكبت الولايات المتحـدة الأمريكيـة خطايـا عـدة في إدارتهـا لشؤون العراق:

أولاها، تفكيك أجهزة الدولة العراقية ومؤسساتها، وبخاصـة الجـيش والأجهـزة الأمنية وبعض المؤسسات الحيوية، مما أوجد حالة من الفراغ السياسي والأمني في البلاد، وبخاصة في ظل عدم وجود مؤسسات بديلة مؤهلة لسد هذا الفراغ. وبذلك غابت السلطة المركزية وتصدعت الدولة العراقية[14].

وثانيتها، أن واشنطن رسخت أسلوب "المحاصصة الطائفية" في تشكيل المؤسسات السياسية والحكومات التي تعاقبت على السلطة في مرحلة ما بعد صدام حسـين. وأكثـر من ذلك، فإن التوجـه الطائفي المـدعوم أمريكيـاً امتـد إلى القانون الانتخابي والدستور العراقي الجديد. كما قامت الولايات المتحدة الأمريكية بمحابـاة الشـيعة والأكـراد مقابل إقصاء السنة وتهميشهم. وفي هذا السياق، راح البعض يتحدث عـن "صحوة الشـيعة" و"الهلال الشـيعي" و"تمكين الشيعة"، وبخاصة بعد أن أصبح "العراق الدولـة الأولي في العالم العربي التي تحكمها غالبية شـيعية"[15].

ومما ضاعف من أزمة الدولة العراقية أن الحكومات العراقية التي تعاقبت على الحكم في مرحلة ما بعد صدام حسـين أخفقت في إعادة بناء الدولة على أسـس ومبـادئ المواطنـة

---

14. لمزيد من التفاصيل حول دور الولايات المتحدة الأمريكية في تفكيك بنية الدولة العراقية، انظر: د. محمد سعد أبو عامود، "الولايات المتحدة الأمريكية وإعادة بناء الدولة في العراق،" **السياسة الدولية**، العدد 154 (أكتوبر 2003).

Daniel Esser, "Interventionism and the Fear of Urban Agency in Afghanistan and Iraq," in: Mehran Kamrava, (ed.), *Fragile Politics: Weak States in the Greater Middle East* (London: C. Hurst & Co. Publishers, 2016)' Chapter 4.

15. انظر: ولي نصر، **صحوة الشيعة: الصراعات داخل الإسلام وكيف سترسم مستقبل الشرق الأوسط** (بيروت: دار الكتاب العربي، ترجمة سامي الكعكي، 2007)، ص. 168. وانظر كذلك: د. حسين توفيق إبراهيم، **مستقبل النظام السياسي والدولة في العراق و انعكاساته على الأمن والاستقرار في الخليج** (دبي: مركز الخليج للأبحاث، سلسلة دراسات عراقية، ط2، 2005).

وسيادة القانون واحترام حقوق الإنسان. بل الذي حدث عمليّاً هـو أن سـياسات هـذه الحكومات، وبخاصة حكومة نوري المـالكي، قـد عَمَّقَتْ مـن أزمـة الدولـة العراقيـة، إذ رسخت من خلال ممارستها نهج المحاصصة الطائفية، حيث إنها كثيراً مـا قامت بتغليب الاعتبارات الطائفية في عملية توزيع المزايا والمنافع على أي اعتبارات أخرى. وقد أسهم كل ذلك وغيره في إحياء وتعميق الانتماءات الأولية على حساب الانتماء الـوطني، وعَمَّقَ مـن صراعات الهوية التي تجلت بوضوح في تصاعد أعمال العنف العرقي والطائفي، وعمليات التهجير القسري، والقتل على الهوية، بل ووصل الأمر أحياناً إلى حد الاستهداف المتبـادل للمساجد من جانب عناصر شـيعية وسنية. وكل ذلك وغيره أسهم في خلق بيئات مواتية لتمدد التنظيمات الجهادية الإرهابية والمليشيات المسلحة، مثل تنظيم "داعش" والتنظيمات المسلحة الموالية لإيران[16].

وقد استغل تنظيم "داعش" حالة تصدع الدولة، والانفلات الأمني، والصـراعات الطائفية، وتمكن من احتلال حوالي ثلث مساحة العراق في عـام 2014 بـما في ذلك مدينـة الموصل، ثاني أكبر المدن العراقية بعد بغداد. وكان الانهيار السريع للجيش العراقي أمـام بضعة آلاف من مقاتلي "داعش" أكبر دليل على مدى عمق الأزمة البنيوية التي تعـاني منهـا الدولة العراقية، وفشل نخبة الحكم في التعامـل معهـا. ولم تـتم هزيمـة "داعش" وتحريـر الأرض التي كانت تحت سيطرته إلا بعد حوالي ثلاث سنوات (أكتوبر 2017)، وذلك بعد

---

16. لمزيد من التفاصيل حول الصرعات الطائفية في العراق، ودور الولايات المتحدة الأمريكية في إذكائها، انظر:

Fanar Haddad, "A Sectarian Awakening: Reinventing Sunni Identity in Iraq after 2003," *Current Trends in Islamist Ideology*, Vol. 17, August 2014; Vali Nasr, *The Shi'a Revival: How Conflict within Islam Will Shape the Future* (New York: Norton, 2006); Enrica Fei, "Towards a Shi'a Bloc? The New Gulf After 2003: Shi'a Empowerment and Sectarianism," *Hemisphers*, Vol. 31, No.1 (2016); Jamel M. Salim, "The Impact of Post - Saddam Iraq on the Cause of Democratization in the Arab World," *International journal of Contemporary Iraqi Studies*, Vol. 6, No.1 (2012); Juan Cole, "The united State and Shiite Religious Factions in Post - Baathist Iraq," *Middle East Journal*, Vol 57, No. 4 (Autumn 2003).

حرب طويلة، لعب التحالف الدولي لمحاربة تنظيم "داعش" بقيادة الولايات المتحدة الأمريكية دوراً رئيسياً فيها[17].

وإذا كانت الولايات المتحدة الأمريكية قامت بدور رئيسي في تغذية الانقسامات والصراعات الطائفية والعرقية في عراق ما بعد صدام حسين، فإن أخطاءها أسهمت أيضاً في تمدد الدور الإيراني في العراق، لدرجة أن طهران باتت تقبض على كثير من مفاصل الدولة العراقية في مرحلة ما بعد صدام، الأمر الذي أسهم بدرجة كبيرة في تغذية صراعات الهوية، حيث شكل البعد الطائفي – وما يزال – مكوناً رئيسياً في السياسة الخارجية لإيران، وهو ما يتجلى بوضوح في قيامها بتقديم أشكال من الدعم المادي والعسكري لتنظيمات وجماعات شيعية مسلحة موالية لها، وذلك بقصد توظيفها لخدمة مشروعها في المنطقة، وهو مشروع يقوم على التمدد والتوسع. ولذلك عملت – وتعمل – على وجود حكومات ومليشيات مسلحة تابعة لها في العراق[18].

وعلى الرغم من الإعلان عن الهزيمة العسكرية لتنظيم "داعش" في أكتوبر 2017، إلا أن الدولة العراقية ما تزال تعاني من الضعف والهشاشة. ويتجلى ذلك في مظاهر عديدة، منها: أن هناك قوى وتنظيمات مسلحة موالية لإيران، ومجموعات أصغر تابعة لها تُعـرف باسم "خلايا الكاتيوشا"، ظلت تتحدى هيبة الدولة وسيادتها بشكل علني، وذلك من

---

17. لمزيد من التفاصيل حول المسالك التي اتبعها "تنظيم داعش" من أجل توظيف حالة الفوضى في العراق لخدمة أهدافه، انظر:

International Crisis Group, "Exploiting Disorder: Al-Qaeda and the Islamic State," *Crisis Group Special Report*, 14 March 2016; Lina Khatib, "The Islamic State's Strategy: Lasting and Expanding," Carnegie Endowment for International Peace, Carnegie *Middle East Center* (June 2015); Mario Abouzeid, "ISIS: Terrorism Upgraded," *National Interest*, July 08, 2014.

18. لمزيد من التفاصيل حول مظاهر التمدد الإيراني في العراق، ودور طهران في تغذية صراعات الهوية، انظر:

Michael Eisenstadt, Michael Knights, and Ahmed Ali, "Iran's Influence in Iraq: Countering Tehran's Whole-of-Government Approach," *Policy Focus* #111, The Washington Institute for Near East Policy, April 2011; Afshon Ostovar, "Sectarianism and Iranian Foreign Policy," in: Frederic Wehrey, (ed.), *Beyond Sunni and Shia: The Roots of Sectarianism in a Changing Middle East* (Oxford: Oxford University Press, 2017), Op. Cit., chapter 4.

خلال مواصلة شن هجمات صاروخية على المنطقة الخضراء الشديدة التحصين، التي تضم السفارة الأمريكية ومباني كثير من المؤسسات العراقية المهمة، وكذلك على مطار بغداد الدولي، وقواعد عسكرية عراقية تستضيف قوات أمريكية وقوات تابعة للتحالف الدولي لمحاربة تنظيم "داعش". وأخفقت الحكومات العراقية المتعاقبة في وضع حد لهذه الهجمات، حيث فشلت في ضبط مرتكبيها وتقديمهم للعدالة. وقد وصل الأمر إلى حد استهداف رئيس الوزراء مصطفى الكاظمي، ومقار عدد من الأحزاب والقوى السياسية. كما تغلغلت التنظيمات المسلحة الموالية لإيران في الاقتصاد والسياسية، وانخرطت في ممارسة أنشطة غير مشروعة، وسيطرت بشكل أو بآخر على كثير من المنافذ الحدودية للعراق مع الدول المجاورة[19].

وقد عبر أحد الباحثين عن المعاني سالفة الذكر بقوله: "لا يمكن أن نوجه اللوم إلى قوى اللادولة عندما تفكر بالاستعلاء أو التمرد على الدولة ومؤسساتها؛ لأن سهام الانتقاد يجب أن تُوَجَّه – وبقوة – إلى الحكومات التي تتخلى عن وظيفتها في فرض هيبة الدولة! ولا يمكن أن نطالب القوى التي تعلن تمردها على الدولة بأن تكون خاضعة لها بمحض إرادتها. ومن ثم، ما يحدث في العراق من غياب الأمن وتخاذل الحكومات عن القيام بمهامها ومسؤوليتها الأمنية، حتماً تكون نتيجته تغوّل قوى اللادولة وسيطرة قوى السلاح المنفلت على تفاصيل الحياة العامة"[20].

وتأسيساً على ما سبق، فإن الشعارات التي رفعتها الحكومات العراقية المتعاقبة بشأن حصر السلاح بيد الدولة، والقضاء على الفوضى الأمنية والسلاح المنفلت، وإعادة

---

19. لمزيد من التفاصيل، انظر:

International Crisis Group, "Iraq's Paramilitary Groups: The Challenge of Rebuilding a Functioning State," *Middle East Report*, No. 188 (30 July 2018; Renad Mansour and Faleh A. Jabar, "The Popular Mobilization Forces and Iraq's Future," *Carnegie Endowment for International Peace*, April 2017; Michael Knights, Hamdi Malik and Aymenn Jawad Al-Tamimi, *Honored, Not Contained: The Future of Iraq's Popular Mobilization Forces* (Washington Dc: The Washington Institute for Near East Policy, March 2020).

20. لمزيد من التفاصيل، انظر: إياد العنبر، "صراع السلطة والنفوذ في العراق.. ميسان نموذجاً،" **الحرة**، 2022/2/13. مُتاح على الرابط الآتي: https://www.alhurra.com/different-angle/2022/02/13

الاعتبار لسيادة القانون، ظلت في الأغلب الأعم حبراً على ورق. كما أن استمرار الخلافات بين الحكومة الاتحادية وحكومة إقليم كردستان، وبخاصة فيما يتعلق بالمناطق المُتنازع عليها بين الجانبين، إنها يمثل مظهراً آخر لأزمة الدولة العراقية. وهذا يعكس فشل النخب السياسية في التوافق على صيغ سياسية ديناميكية تستوعب التعددية المجتمعة في العراق، وتحولها إلى مصدر قوة وثراء، بل إن الذي حدث على أرض الواقع هو أن الترتيبات السياسية القائمة على المحاصصة الطائفية قد عمقت الانقسامات الأولية، وجعلت من عدم الاستقرار السياسي سمة ملازمة للتطور السياسي في العراق[21]. وقد مثلت كل هذه العوامل ظروفاً مواتية، استغلها تنظيم "داعش" من أجل إحياء دوره مجدداً في العراق بعد أن كان قد تم الإعلان عن هزيمته عسكرياً في أكتوبر 2017.

ثالثاً: الفراغات الأمنية

إن وجود الفراغات الأمنية هو محصلة طبيعية لحالة هشاشة الدولة أو تصدعها. فالدولة الهشة أو المتصدعة لا تمتلك القدرة على فرض النظام والقانون والأمن على كامل إقليمها، الأمر الذي يخلق فراغات أمنية، تعكس حالة فراغ القوة، وتسمح بظهور وتمدد الفاعلين المسلحين من غير الدول، على غرار "داعش" وغيره من التنظيمات الجهادية الإرهابية[22].

وفي أعقاب هزيمة التنظيم العسكرية، وتفكيك دولته المزعومة (دولة الخلافة الإسلامية)، اتجهت خلايا "داعش" في سوريا إلى التمركز في البادية السورية، حيث توفر لها ملاذاً آمناً بحكم أن مساحتها تمثل حوالي (48.5%) من مساحة سوريا، ويصل امتداد

---

21. لمزيد من التفاصيل، انظر: د. رضوان السيد، "الصراع على مستقبل العراق: الحوزة الدينية والعشائر والاجتماع المدني والسياسي،" **المستقبل العربي**، العدد 292، يونيو 2003؛ د. صباح ناهي، "أزمة الديمقراطية الغائبة في العراق: أيُّ ديمقراطية في غياب الأمن والفساد المستشري؟،" **السياسات الوطنية**، مركز تريندز للبحوث والاستشارات، 2021/9/15.

22. لمزيد من التفاصيل حول هذه الظاهرة، انظر:

Lorenzo Kamel, (ed.), *The Frailty of Authority: Borders, Non-State Actors and Power Vacuums in a Changing Middle East* (Rome: Edizioni Nuova Cultura, 2017).

الصحراء فيها إلى حوالي (80) ألف كيلو متر مربع، حيث تمتد عبر سبع محافظات، هي: حماة والرقة وحمص وحلب ودير الزور وريف دمشق والسويداء. وبالإضافة إلى ذلك، فهي تتميز بوجود الكثير من الأحراش والكثبان الرملية والتضاريس الوعرة، مما يساعد عناصر التنظيم على التخفي وممارسة حرب العصابات[23]. ولعل هـذا مـا يفسـر كثرة العمليـات الإرهابية التي نفذها التنظيم في مناطق البادية من ناحية، وكثرة العمليـات الأمنيـة التـي قامت بها قوات النظام السوري والطيران الروسي ضد خلاياه المتمركزة في هـذه المنـاطق من ناحية أخرى[24].

كما تصل البادية السـورية إلى الحـدود العراقيـة. ونظـراً لأن المنـاطق الحـدوديـة بـين البلدين رخوة أمنياً، فقد مكن ذلك تنظيم "داعش" من إقامة علاقات مع بعـض شبكات التهريب التي تنشط عبر الحدود، والتي تنخرط في كثير من الأنشطة غـير المشـروعة، مثـل تهريب البشـر والأسـلحة والاتجار في المخدرات. ومما يساعد على ذلك أن كـلاً مـن الدولـة العراقية والدولة السورية ليس لديها القدرة على ضبط حدودها وفرض السـيطرة عليهـا بشكل كامل[25].

---

23. لمزيد من التفاصيل، انظر: يحيى شمص، "البادية السورية... رمال "داعش" المتحركة وخزان أسراره،" **جريدة النهار العربي اللبنانية**، 2021/1/9. مُتاح على الرابط الآتي:
https://www.annaharar.com/arabic/news/arab-world/syria/09012021091502696

24. لمزيد من التفاصيل، انظر: مقتل 26 عنصراً من قوات النظام السوري بكمين لـ "داعش" في البادية، **اندبندنت عربية**، 2021/2/8. مُتاح على الرابط الآتي:
https://www.independentarabia.com/node/191976

25. لمزيد من التفاصيل، انظر: نشاط متزايد لـ "داعش" في البادية السورية... وتحذير من عودة مرعبة، **جريدة الشرق الأوسط اللندنية**، 2022/1/11. مُتاح على الرابط الآتي:
https://aawsat.com/home/article/3406826

يورونيـوز، "البادية السـورية منطقـة المواجهـة الجديـدة بـين داعـش وقـوات النظـام ومقتـل 21 بغـارات روسـية،" 2021/2/20. مُتاح على الرابط الآتي:
https://arabic.euronews.com/2021/02/20/russian-airstrikes-kill-21-isil-in-syria-monitor

Shoresh Khani, "The Regrouping of ISIS in the Deserts of Syria," *Policy Analysis / Fikra Forum*, The Washington Institute for Near East Policy, Aug 12, 202. https://www.washingtoninstitute.org/policy-analysis/regrouping-isis-deserts-syria

ومثلما هي الحال في سوريا، يعاني العراق وجود فراغات أمنية أو مناطق رخوة أمنياً ينشط فيها تنظيم "داعش". وتتركز أغلب هذه الفراغات الأمنية في المناطق المتنازع عليها بين الحكومة الاتحادية العراقية وحكومة إقليم كردستان. وتشكل هذه المناطق "شريطاً يبلغ طوله أكثر من ألف كلم، يمتد من الحدود مع سوريا حتى الحدود الإيرانية، وتبلغ مساحتها نحو (37) ألف كلم مربع. ويمر هذا الشريط إلى جنوب محافظات الإقليم الثلاث، أربيل والسليمانية ودهوك التي تتمتع بحكم ذاتي، ويشمل أراضي في محافظات نينوى وأربيل وصلاح الدين وديالى، إلى جانب محافظة كركوك"[26].

وكانت قوات البيشمركة الكردية قد سيطرت تدريجياً على هذه المناطق في أعقاب الغزو والاحتلال الأمريكي للعراق في عام 2003، والذي ترتب عليه حل الجيش العراقي، والشروع في تأسيس جيش عراقي جديد. وقد ظلت بعض وحدات هذا الجيش الجديد موجودة بشكل مختلط مع قوات البيشمركة في المناطق المُتنازع عليها. وجاءت الفوضى التي أعقبت سيطرة تنظيم "داعش" على حوالي ثلث مساحة العراق في عام 2014، وانسحاب الجيش العراقي من المناطق المذكورة لتُمكّنا قوات البيشمركة من الانفراد بالسيطرة عليها. ولكن إثر الاستفتاء على الانفصال الذي أجرته حكومة إقليم كردستان في عام 2017، والذي لم يكن مقبولاً من جانب بغداد، وفي أعقاب إعلان الانتصار على تنظيم "داعش"، تدخل الجيش العراقي وقوات الحشد الشعبي في المناطق المُتنازع عليها، ما أجبر قوات البيشمركة على الانسحاب منها. وما تزال وضعية هذه المناطق تشكل عقدة كبيرة في العلاقة بين الحكومة الاتحادية العراقية وحكومة إقليم كردستان.

وبصفة عامة، ينشط تنظيم "داعش" في المناطق المُتنازع عليها بين الحكومتين، وبخاصة في المساحات التي تتوسط مناطق سيطرة الجيش العراقي من ناحية، ومناطق سيطرة قوات البيشمركة من ناحية أخرى. وفي بعض هذه المساحات تصل المسافة إلى نحو

---

26. لمزيد من التفاصيل، انظر: ما هي المناطق المتنازع عليها بين بغداد وأربيل؟ فر انس 24، 2017/10/16، مُتاح على الرابط الآتي: https://bit.ly/3LuC6Yd

(40) كيلومتراً، وتُسمى بـ "مناطق الحياد الأمني"، حيث لا يُسمح لقوات الطرفين بالدخول إليها، مما يوفر ملاذاً آمناً لتنظيم "داعش"[27].

وعلى الرغم من الخلافات بين الحكومة الاتحادية وحكومة إقليم كردستان، إلا أنه كانت هناك محاولات للتنسيق بين الجانبين، حيث شكلا في عام 2020 غرفة عمليات مشتركة بين الجيش العراقي والقوات الأمنية الاتحادية من ناحية، وقوات البيشمركة من ناحية أخرى، وذلك لتنفيذ بعض العمليات المشتركة ضد تنظيم "داعش"، إلا أن هذا التنسيق ما يزال دون المستوى المطلوب لمواجهة التهديد الذي يمثله التنظيم في المناطق المذكورة. ويُلقي كل طرف باللائمة على الطرف الآخر بشأن القصور في مواجهة خطر "داعش". وفي جميع الأحوال، فإن ضعف التنسيق الأمني بين الجانبين يصب في مصلحة التنظيم، حيث أصبحت هذه المناطق الرخوة أمنياً تمثل ملاذاً آمناً له، سواء لتدريب عناصره، أو تخزين الأسلحة والمتفجرات، أو اتخاذها نقاط ارتكاز لشن هجمات ضد قوات البيشمركة والجيش العراقي وقوات الحشد الشعبي. ومما يساعد على ذلك أن هذه المناطق تتسم بوعورة تضاريسها، وكثرة الأحراش والبساتين فيها، مما يمكن عناصر التنظيم من التخفي، والتحضير للعمليات الإرهابية[28].

---

27. لمزيد من التفاصيل، انظر: "داعش" يحاول إثبات وجوده باستغلال ثغرات بين العراق وسوريا، **جريدة الشرق الأوسط اللندنية**، 2022/2/2. مُتاح على الرابط الآتي: https://aawsat.com/home/article/3451761: رائد الحامد، "ماذا وراء زيادة هجمات "داعش" بالمناطق المتنازع عليها شمالي العراق؟ (مقال تحليلي)،" AA، 2021/12/17. مُتاح على الرابط الآتي:

https://www.aa.com.tr/ar/%D8%A3/2449907

28. لمزيد من التفاصيل، انظر: تفجيرات ومخازن وملاذات آمنة.. داعش ينازع بغداد وأربيل في المساحة "الرخوة"، **الحرة**، 2021/12/3. مُتاح على الرابط الآتي: https://www.alhurra.com/iraq/2021/12/03: لمنع عودة داعش.. شراكة هشّة بين الحكومة العراقية وإقليم كردستان، **الحرة**، 2021/12/17. مُتاح على الرابط الآتي: https://www.alhurra.com/iraq/2021/12/17: مؤيد الطرفي، "بغداد وأربيل تشكلان قوة مشتركة لمواجهة داعش،" **اندبندنت عربية**، 2021/12/8. مُتاح على الرابط الآتي:

https://www.independentarabia.com/node/283886

رابعاً: الأزمات الاقتصادية والاجتماعية والسياسية الممتدة

بالإضافة إلى هشاشة الدولة والفراغات الأمنية، تعاني الـدولتان، سـوريا والعـراق، من سلسلة من الأزمات الاقتصادية والاجتماعية والسياسـية التـي تعصـف بهـما، وهـي أزمات حـادة ومتزامنـة، تراكمـت عـلى مـدى سـنوات بسبب الحـروب والصـراعات. فالحروب التي شهدتها الدولتان أدت إلى تدمير البنى والهياكـل التحتيـة، وتعطيـل خطـط التنمية، مما ترتب عليه انهيـار الخدمات العامـة في مجـالات الصـحة والتعليـم والإسكان والرعاية الاجتماعية وغيرها، وتفاقم معدلات الفقر والبطالة والجريمة، فضلاً عـن وجـود عجز هائل في تلبية احتياجـات السـكان مـن الكهربـاء والغـاز وميـاه الشـرب النظيفـة، واستشـراء الفساد على نطاق واسع في ظل تمدد اقتصاد الحرب، ناهيك عـن كارثـة وجـود الملايين من النازحين في الداخل واللاجئين في الخارج. وجاءت جائحة كورونا ومـا ترتـب عليها من آثار اقتصادية واجتماعية لتزيد من تفاقم الأوضاع في البلدين.

وعلى الرغم من تقويض دولة "داعش" المزعومة، وتحريـر الأراضـي التـي كانـت تحت سـيطرته في كل من سوريا والعراق، إلا أنه لم تتم إعادة إعمار هذه المنـاطق حتـى الآن (منتصف مارس 2022)، مما يجعلها ساحات مفتوحة لتحركات خلايا "داعـش"[29]. وتـأتي هذه الأزمات الاقتصادية والاجتماعية كافة في سياق أزمة سياسية حادة وممتدة يعاني منها البَلَدان بدرجات متفاوتة وأشكال مختلفة.

ففي سوريا، وعلى الرغم من حالة الهدوء النسبي على صعيد المواجهات المسلحة منذ أوائل عام 2020، إلا أنه لم يحـدث أي اخـتراق حقيقـي عـلى صـعيد التسـوية السياسـية للأزمة، سواء وفق مسار جنيف، أو مساريْ آستانة وسوتشي عـلى نحـو مـا سـبق ذكـره. ويرجع ذلك إلى عمـق الخلافـات والانقسـامات بـين نظـام الأسـد والقـوى والتنظيـمات

---

29. لمزيد من التفاصيل، انظر: أسامة يـونس، "عشـر سـنوات على الأزمة السـورية.. السياسة تراوح والاقتصاد إلى مستويات فقر قياسية،" RT، 2021/3/15. مُتاح على الرابط الآتي:
https://arabic.rt.com/middle_east/1211702

المعارضة له، فضلاً عن حالة التنافس والخلافات بين القوى الإقليمية والدولية المنخرطة في الأزمة السورية، والتي لها حضور على الأرض مثل روسيا وإيران وتركيا والولايات المتحدة الأمريكية. كما تواصل إسرائيل هجماتها على مناطق تابعة لسيطرة نظام الأسد مستهدفة مواقع ومقار تابعة لإيران وحزب الله [30]. والأخطر من كل ذلك أنه لا يوجد تصور أو رؤية واضحة للتسوية، وبخاصة فيما يتعلق بطبيعة الدستور، وشكل نظام الحكم، ومستقبل المناطق التي تقع خارج سيطرة نظام الأسد في شمال شرق سوريا وشمال غربها، ومستقبل الوجود العسكري الأجنبي على الأراضي السورية. وإزاء كل ذلك، لا يبدو أن هناك إمكانية لتسوية سياسية محتملة خلال المستقبل المنظور، ولا سيما أن المبعوث الأممي إلى سوريا غير بيدرسن يدرس حالياً، أي بعد مرور أكثر من عشر سنوات على بداية الصراع، طرح مقاربة جديدة للتسوية، أسماها "خطوة مقابل خطوة" من أجل بناء الثقة بين الأطراف المعنية، وتحقيق نوع من التقدم على طريق الحل السياسي الشامل. وبالطبع فإن بلورة مثل هذه المبادرة وتنفيذها سوف يستغرق وقتاً [31]. وكل هذه الأوضاع البائسة تصب، في نهاية المطاف، في مصلحة تنظيم "داعش"، ولا سيما أن بعض الأطراف مثل تركيا وإيران قد توظفه في ظل ظروف معينة لخدمة أهدافها الاستراتيجية.

أما بالنسبة إلى العراق، فإن الأزمة السياسية الممتدة تتجلى في مظاهر عديدة، منها: الخلافات والانقسامات في صفوف النخبة السياسية، وهي عادة ما تتجدد مع الاستحقاقات الانتخابية وما يتبعها من ترتيبات دستورية وسياسية، تتعلق بانتخاب رئيس الجمهورية وتشكيل الحكومة. وأقرب مثال على ذلك هو الانقسامات بشأن نتائج

---

30. لمزيد من التفاصيل، انظر: فايز سارة، "سوريا في مسار التدخلات الخارجية،" **جريدة الشرق الأوسط اللندنية**، 2022/2/8. مُتاح على الرابط الآتي:

https://aawsat.com/home/article/3462021

31. لمزيد من التفاصيل، انظر: إبراهيم حمدي، "بيدرسن: لا خلافات استراتيجية بين أمريكا وروسيا في سوريا... ودعم دولي لـ "خطوة. خطوة"،" **جريدة الشرق الأوسط اللندنية**، 2022/1/29. مُتاح على الرابط الآتي:
https://aawsat.com/home/article/3442631

Karam Shaar, "Taming Syria's Rogue Man," *Sada: Middle East Analysis*, Carnegie Endowment for International peace February 15, 2022. https://carnegieendowment.org/sada/86442

الانتخابات التشـريعية المبكـرة التي أُجريـت في 10 أكتـوبر 2021. فبـدلاً مـن أن تكـون الانتخابات مدخلاً للخروج مـن مشـكلات وأزمـات حـادة أدت إلى انـدلاع تظاهـرات واحتجاجات عنيفة، وأصبحت جزءاً من المشكلة، بل مصدراً لمشكلات جديـدة. فالقوى والأحزاب السياسية التي لم تحقق ما كانت تتطلع إليه، أو تراجـع تمثيلها في البرلمان الجديـد مقارنة بالبرلمان السابق، وفي مقدمتها "تحالف الفتح" بزعامة هـادي العـامري، والـذي يضـم فصائل سياسية مرتبطة بتنظيمات مسلحة موالية لإيران، هذه القوى والأحزاب رفضت نتائج الانتخابات بدعوى وجود تزوير وتلاعب. ولم يكتف هؤلاء بالإجراءات الدستورية والقانونية للطعن على نتائج الانتخابات، بـل اعتصـم أنصـار "تحـالف الفتح" أمـام بوابـات المنطقـة الخضـراء الشديدة التحصـين، وحاولوا اقتحامها غير مرة[32].

وبعد أن أقرت المحكمة الاتحادية العراقية نتائج الانتخابات بشكل نهـائي اسـتمرت الخلافات بشأن انتخاب رئيس الجمهورية، حيث لم يتفـق الحزبـان الكرديـان الرئيسـيان، الحزب الديمقراطي الكردستاني والاتحاد الوطني الكردستاني، عـلى مرشـح للرئاسـة. كـما استمر الانقسام حول تشكيل الحكومة. فالتيار الصدري الحاصل على أكبر عدد من المقاعد داخل البرلمان يطالب بحكومة أغلبية وطنية، فيما تطالب الأحزاب والقوى التـي يضـمها الإطار التنسيقي، ومنها "تحالف الفتح"، بحكومة توافقية تضمن تمثيلاً لهـا بغـض النظـر عن نتائج الانتخابات. وقد أدت هذه الخلافات إلى تجاوز المواعيد الدستورية مـن ناحيـة، وخلق حالة من الانسداد السياسي في البلاد من ناحية أخرى. فبعد مرور أكثر مـن سـتة أشهر على إجراء الانتخابات لم يتم حتى الآن (أبريـل 2022) انتخـاب رئيس للـبلاد، ولا تشكيل حكومة[33].

---

32. لمزيد من التفاصيل، انظر: رضوان السـيد، "الاستعصـاء على التغيير بالانتخابات!،" **جريـدة الشـرق الأوسـط اللندنية**، 2021/12/24. مُتاح على الرابط الآتي: https://aawsat.com/home/article/3375556/

33. لمزيد من التفاصيل، انظر: إياد العنبر، "حكومة أغلبية أم توافقية: لِمَن ستكون الغَلَبة،" **الحرة**، 2021/11/14. مُتاح على الرابط الآتي: /https://www.alhurra.com/different-angle/2021/11/14؛ بارزاني يرمي كرة رئاسـة العـراق في ملعـب حـزب طالبـاني، جريـدة **الشـرق الأوسـط** اللندنيـة، 2022/2/13. مُتـاح على الـرابط الآتي: https://aawsat.com/home/article/3471726/

ومن مظاهر الأزمة السياسية الممتدة في العراق الخلافات بين الحكومة الاتحادية وحكومة إقليم كردستان، وهي خلافات بشأن قضايا عديدة في مقدمتها المناطق المُتنازع عليها بين الجانبين على نحو ما سبق ذكره. وهناك أيضاً قضية النفط، وبخاصة بعد صدور حكم من المحكمة الاتحادية العراقية في 15 فبراير 2022، قضى بعدم دستورية قانون النفط والغاز لحكومة إقليم كردستان، مع إلزامها بتسليم كامل إنتاج النفط من الحقول النفطية في الإقليم، وفي المناطق الأخرى التي قامت وزارة الثروات الطبيعية الكردستانية باستخراج النفط منها، تسليمه إلى الحكومة الاتحادية ممثلة في وزارة النفط الاتحادية، وتمكينها من استخدام صلاحياتها الدستورية بخصوص استكشاف النفط واستخراجه وتصديره. وعدّ كثيرون أن هذا الحكم سيعمق من الأزمة بين حكومة إقليم كردستان والحكومة الاتحادية، ولاسيما أنه قضى ببطلان عقود النفط التي أبرمتها حكومة الإقليم مع شركات نفطية وأطراف ودول أجنبية. ويشمل هذا اتفاقيات الاستكشاف والاستخراج والتصدير والبيع. ولذلك فالأزمة مرشحة للتصاعد خلال المستقبل المنظور، ولا سيما أن حكومة الإقليم ترفض هذا الحكم، وتعدّه مخالفاً للدستور العراقي ومسيساً[34].

كما تتجلى الأزمة السياسية في العراق في التدخلات الإيرانية في الشؤون الداخلية للبلاد، حيث تحرص إيران على دعم القوى والتنظيمات المسلحة الموالية لها داخل العراق، والتي توظفها من أجل تعزيز نفوذها على الساحة العراقية. وقد تجلى هذا التدخل بوضوح في الزيارات المكوكية التي كان يقوم بها إلى العراق الجنرال قاسم سليماني، القائد السابق لفيلق القدس التابع للحرس الثوري الإيراني. ويواصل خليفته إسماعيل قاآني النهج نفسه، حيث يتردد كثيراً على العراق، وبخاصة في حال حدوث أزمات سياسية أو أمنية.

34. لمزيد من التفاصيل، انظر: رستم محمود، "المحكمة الاتحادية العراقية.. تُعبد الطريق نحو الحرب الأهلية،" الحرة، 2022/2/16. مُتاح على الرابط الآتي: https://www.alhurra.com/different-angle/2022/02/16؛ العراق.. قرار "الاتحادية" بشأن نفط الإقليم بين جدل "الدستور" وشبهات السياسة، الحرة، 2022/2/17. مُتاح على الرابط الآتي: https://www.alhurra.com/arabic-and-international/2022/02/17؛ فاضل النشمي، "بغداد تقرر التفاوض والتنسيق مع الإقليم لإدارة ملف النفط: كردستان غاضبة من حكم المحكمة الاتحادية،" جريدة الشرق الأوسط اللندنية، 2022/2/17. مُتاح على الرابط الآتي: https://aawsat.com/home/article/3479536

والهدف من وراء ذلك هو الحفاظ على النفوذ الإيراني داخل العراق من خلال محاولة التأثير في عملية تشكيل الحكومة، وتنسيق المواقف بين التنظيمات المسلحة الموالية لطهران، فضلاً عن تقديم الدعم لها. ونظراً لذلك، فقد تحول العراق إلى ساحة لتوصيل الرسائل وتصفية الحسابات بين واشنطن وطهران، وبخاصة في ظل وجود كثير من الملفات الشائكة بين الجانبين، وفي مقدمتها البرنامج النووي الإيراني [35].

وفي هذا السياق، يمكن فهم التصريحات المتكررة التي أطلقها رئيس الوزراء العراقي مصطفى الكاظمي، والتي أكد من خلالها على أن العراق لن يكون ساحة لتصفية الحسابات، أو ملعباً لتمرير الرسائل. وكذلك الدعوات التي أطلقها الزعيم الشيعي مقتدى الصدر بشأن تشكيل حكومة أغلبية وطنية، لا شرقية ولا غربية، في إشارة إلى تدخلات كل من إيران والولايات المتحدة الأمريكية في الشأن العراقي الداخلي [36].

وبالإضافة إلى جميع العوامل السالفة الذكر، ونظراً لأن جانباً مهماً من العمليات الإرهابية لتنظيم "داعش" في سوريا تم تنفيذه في مناطق الإدارة الذاتية في شمال سوريا وشرقها، يُلقي البعض بجانب من المسؤولية على "قوات سوريا الديمقراطية" بخصوص تصاعد دور تنظيم "داعش" في هذه المناطق. فقد قامت على فترات مختلفة بالإفراج عن المئات من عناصر تنظيم "داعش" من السوريين، وذلك كاستجابة لوساطات عشائرية،

---

35. لمزيد من التفاصيل، انظر: العراق.. الصدر يبحث مع قآني الخلافات بشأن الحكومة، **العربية**، 2022/1/18. متاح على الرابط الآتي:

https://www.alarabiya.net/arab-and-world/iraq/2022/01/18; Beston Husen Arif, "Iran's Struggle for Strategic Dominance in Post - ISIS Iraq," *Asian Affairs*, Vol. 50, No. 3 (2019), pp. 344 – 363; Rani Alaaldin, "How Will Iraq Contain Iran's Proxies? *The Atlantic*, February, 2018.

36. لمزيد من التفاصيل، انظر: هدى جاسم، "الكاظمي: العراق لن يكون ساحة لتصفية الحسابات،" **جريدة الاتحاد الإماراتية**، 2022/2/10. مُتاح على الرابط الآتي: https://www.alittihad.ae/news؛ غسان شربل، " الكاظمي: لسنا ملعباً لتمرير الرسائل ولن ننخرط في اصطفافات المحاور،" **جريدة الشرق الأوسط اللندنية**، 2021/3/1. متاح على الرابط الآتي: https://aawsat.com/home/article/2833691؛ وكالة الأنباء العراقية، "السيد الصدر مغرداً: حكومة أغلبية وطنية لا شرقية ولا غربية،" 2021/12/29. مُتاح على الرابط الآتي: https://www.ina.iq/144952--.html

أو نتيجة لحالات عفو صدرت في مناسبات معينة. وقد جاءت هذه الممارسات في إطار حرص "قوات سوريا الديمقراطية" على كسب ثقة ودعم القبائل الموجودة في مناطقها، وبخاصة القبائل العربية، حيث يشكل أبناؤها نسبة يُعتد بها في صفوفها. كما جاءت جائحة كورونا، وما ترتب عليها من تداعيات اقتصادية واجتماعية وصحية خطيرة، جاءت لتدفع "قوات سوريا الديمقراطية" إلى الإفراج عن أعداد من عناصر "داعش" تجنباً لتفشي الوباء في السجون[37].

والمشكلة هنا، أن المُفرج عنهم من أعضاء التنظيم لم يُخضعوا لأي برامج تتصل بإعادة تأهيلهم مع إعادة إدماجهم في مجتمعاتهم المحلية، ولا سيما أنهم مشبعون بالفكر التكفيري للتنظيم. ومن المعروف أن التخلي عن هذا الفكر من قِبَل معتنقيه ليس بالأمر السهل. وقد استغل "داعش" هذه الفرصة، وراح يجند أعداداً من المُفرج عنهم في صفوفه من جديد، الأمر الذي عزز من قدرته البشرية، إذ رفده ذلك بمزيد من العناصر المؤهلة عسكرياً وتنظيمياً وأيديولوجياً[38].

كما أن تردي الأوضاع الاقتصادية والاجتماعية، وكثرة التباينات والتوترات الثقافية والقَبَلية والعرقية في مناطق الإدارة الذاتية في شمال وشرق سوريا، قد خلقت ظروفاً مواتية لتصاعد دور تنظيم "داعش" في هذه المناطق. ومن المعروف أن المناطق المعنية كثيراً ما شهدت – وتشهد – احتجاجات شعبية، سواء لرفض بعض القرارات التي تفرض مزيداً

---

37. لمزيد من التفاصيل، انظر: بسبب كورونا.. ميليشيا "قسد" تفرج عن 90 عنصراً من داعش، *OrientNET*، 2020/3/22. مُتاح على الرابط الآتي:https://orient-news.net/ar/news_show/178482/0

Mohammed Hassan, How Have the AAANES's policies contributed to the resurgence of ISIS? *Middle East Institute*, May 5, 2021. https://www.mei.edu/publications/how-have-aaness-policies-contributed-resurgence-isis

38. لمزيد من التفاصيل، انظر: خالد الخطيب، "قسد" تطلق سراح المئات من عناصر "داعش" بوساطة عشائرّية،" *AL-MONITOR*، 2020/2/7. مُتاح على الرابط الآتي:

https://www.al-monitor.com/ar/contents/articles/originals/2020/02/syrian-democratic-forces-release-islamic-state-arab-tribes.html

من الضغوط الاقتصادية والاجتماعية على السكان، مثل رفع أسعار المحروقات، أو الاعتقال التعسفي للنشطاء السياسيين، أو فرض سياسة التجنيد الإجباري في مناطق سيطرة الإدارة الذاتية في شمال سوريا وشرقها[39].

وفي هذا السياق، خلصت إحدى الدراسات إلى أنه "في مناطق شرق الفرات، التي يقدر عدد السكان فيها بـ 3 ملايين نسمة، فشلت الإدارة الذاتية في خلق نموذج حكم كفْء وعادلٍ لجميع السكان، وفي مواجهة التحديات الاقتصادية والسياسية والثقافية التي تواجهها، والمتمثلة في ارتفاع نسبة البطالة، والافتقاد إلى الشرعية والتأييد وسط العرب المنحدرين من العشائر – والذين يشكلون غالبية السكان – والمغيَّبين فعلياً عن المشاركة في الحكم وفي اتخاذ القرار. كذلك تفشت مظاهر الفساد في معظم المؤسسات التابعة للإدارة الذاتية. وأخيراً، فإن السلطة السياسية التي يقودها حزب الاتحاد الديمقراطي الكردي في دير الزور لا تستند إلى قوى محلية ذات حواضن شعبية. ويشكل الفراغ السياسي وغياب هياكل شرعية للحكم فرصة ملائمة لتنظيم الدولة لاستئناف نشاطه"[40].

خامساً: فجوات استراتيجيات محاربة تنظيم "داعش"

على الرغم من الهزيمة العسكرية لتنظيم "داعش" في كل من سوريا والعراق، إلا أن استراتيجيات محاربة بقايا التنظيم ظلت تعاني من بعض الفجوات وأوجه الخلل، الأمر

---

39. لمزيد من التفاصيل، انظر:

Steven Heydemann, "Not by Counterterrorism Alone: Root Causes and the Defeat of the Islamic State group," *Order from Chaos*, Brookings, February 17, 2022. https://www.brookings. edu/blog/order-from-chaos/2022/02/17/not-by-counterterrorism-alone-root-causes-and-the-defeat-of-the-islamic-state-group/; Ali Darwish, "Autonomous Administration Reverses Decisions to Calm Protests," *Enab Baladi*, 9/6/2021. https://english.enabbaladi.net/archives/2021/06/autonomous-administration-reverses-decisions-to-calm-protests/

40. لمزيد من التفاصيل، انظر: جورج فهمي ومنهل باريش وراشد العثمان، "سقطت الدولة وبقي التنظيم: الحل العسكري غير كافٍ لهزيمة داعش في سوريا،" **ورقة سياسات،** ضمن مشروع "زمن الحرب وما بعد الصراع في سوريا" Middle East Directions، 2021/4/22. مُتاح على الرابط الآتي:
https://medirections.com/index.php/2019-05-07-15-50-27/wartime/2021-04-22-22-04-02

الذي ساعده على إعادة بناء نفسه، والحفاظ على استمراريته، واستئناف أنشطته الإرهابية في البلدين.

ففي **سوريا** لا يمكن الحديث عن استراتيجية وطنية لمحاربة التنظيم، وذلك بحكم أن إقليم الدولة يقع تحت سيطرة ثلاثة كيانات على نحو ما سبق ذكره. كما أن هناك قوى إقليمية ودولية عديدة لها حضورها العسكري على الأرض، مثل الولايات المتحدة الأمريكية وروسيا وإيران وتركيا. وبالإضافة إلى ذلك، تواصل إسرائيل هجماتها ضد مواقع ومقرات تابعة لإيران وحزب الله اللبناني داخل سوريا[41].

وفي ظل هذه الحالة من التشرذم والتفكك، دأبت قوات النظام والقوات الروسية في سوريا على شن هجمات ضد معاقل "داعش" من آن لآخر. كما تقوم "قوات سوريا الديمقراطية" والتحالف الدولي لمحاربة تنظيم "داعش" بقيادة الولايات المتحدة الأمريكية بشن هجمات مماثلة، لكن ذلك يترك مساحات واسعة – وخاصة في البادية السورية – دون وجود أمني فعال، مما يصب في مصلحة "داعش". كما يستغل تنظيم "داعش" الصراعات والتجاذبات بين القوى الإقليمية والدولية الموجودة في سوريا لمصلحته، إذْ لا يوجد تنسيق فيما بينها بشأن محاربته، وهو ما كشفت عنه أحداث سجن الصناعة بحي غويران بمنتهى الوضوح. ففي الوقت الذي قدمت فيه الولايات المتحدة الأمريكية دعماً عسكرياً لـ "قوات سوريا الديمقراطية" لاستعادة السيطرة على السجن، حمّلتها كل من إيران وتركيا والنظام السوري مسؤولية ما حدث. كما أنه من غير المستبعد أن توظف كل من أنقرة وطهران – في ظروف معينة – تنظيم "داعش" على النحو الذي يخدم أجندة كل منها[42].

---

41. لمزيد من التفاصيل، انظر: فراس كرم وكمال شيخو، "دويلات سوريا الثلاث... خطوط ثابتة ومعاناة متفاقمة،" **جريدة الشرق الأوسط اللندنية**، 2022/3/6. مُتاح على الرابط الآتي:
https://aawsat.com/home/article/3513836

42. لمزيد من التفاصيل، انظر: ورقة قد يستغلها كثيرون.. داعش يعود لـ "هدم الأسوار" في "المناطق الهشة"، **الحرة**، 2022/1/21. مُتاح على الرابط الآتي: -https://www.alhurra.com/arabic-and
international/2022/01/21/؛ جاسم محمد، "داعش يظهر من جديد في سوريا والعراق: الدلالات والمعالجات،" **المركز الأوربي لدراسات مكافحة الإرهاب والاستخبارات**، 2022/2/5. مُتاح على الرابط الآتي:
https://www.europarabct.com/

أمّا في **العراق**، فإن هناك عدة جهات تنخرط في محاربة تنظيم "داعش"، هي: جهاز مكافحة الإرهاب، والجيش العراقي، وقوات وزارة الداخلية؛ كالشرطة الاتحادية والتدخل السريع، وقوات الحشد الشعبي، فضلاً عن قوات البيشمركة. كما انخرطت في محاربة التنظيم قوات التحالف الدولي لمحاربة تنظيم "داعش" بقيادة الولايات المتحدة الأمريكية، وذلك حتى نهاية عام 2021. فاعتباراً من هذا التاريخ أنهت الولايات المتحدة الأمريكية مهام قواتها القتالية في العراق، وأبقت على 2500 جندي لتقديم المشورة والتدريب لأجهزة الأمن العراقية. وتتمثل أحد أبرز المشكلات المرتبطة بمحاربة تنظيم "داعش" في العراق في ضعف التنسيق بين الجيش العراقي والأجهزة الأمنية العراقية الاتحادية من ناحية، وقوات البيشمركة من ناحية أخرى، وبخاصة في المناطق المُتنازع عليها بين الحكومة الاتحادية العراقية وحكومة إقليم كردستان. ويستغل تنظيم "داعش" هذا الوضع لمصلحته على نحو ما سبق ذكره. كما أن انسحاب القوات الأمريكية المقاتلة من العراق في نهاية عام 2021 يضع الجيش العراقي وقوات الأمن العراقية أمام لحظة اختبار، حيث ستكون مسؤولة عن مواجهة تنظيم "داعش" دون المساعدة الأمريكية متمثلة في تقديم المعلومات الاستخباراتية، أو استخدام الطائرات من دون طيار (الدرونز) في استهداف عناصر التنظيم، أو تقدم الدعم والإسناد للقوات العراقية[43].

كما يُلاحظ أن سياسات محاربة "داعش" في كل من سوريا والعراق تركز على الجوانب العسكرية والأمنية فحسب، دون الالتفات إلى المشكلات الاقتصادية والاجتماعية والسياسية الحادة والمتزامنة، التي توفر لتنظيم "داعش" وغيره من التنظيمات الجهادية الإرهابية بيئات خصبة للتجنيد والدعاية، ومن ثم الاستمرارية والتمدد. ويمثل هذا الوضع فجوة في استراتيجيات مكافحة الإرهاب في البلدين. فالمواجهة العسكرية والأمنية

---

43. لمزيد من التفاصيل، انظر: د. محمد العزاوي، "العراق.. مرحلة جديدة في محاربة داعش،" **الأمن الدولي والإرهاب، تريندز للبحوث والاستشارات**، 2021/10/13، مُتاح على الرابط الآتي:

https://trendsresearch.org/ar/insight

لـ "داعـش" مهمـة ومطلوبـة، لكنهـا لا تعـالج الأسباب التـي أدت إلى ظهـور التنظيـم وتمدده [44].

وخلاصة القول: إنه لا يمكن تفسـير تصاعد دور تنظيم "داعش" في كل من سوريا والعراق في مرحلة ما بعد البغدادي استناداً إلى عامل واحد فحسب، حيث إن هنـاك جملـة من العوامل المتداخلة تقف خلف هذه الظاهرة. بعضها عوامل ذاتية تتعلق بـالتنظيم ذاتـه، مثل قوته البشـرية وقدرته على التكيف مع المستجدات، وبعضها الآخر عوامل موضـوعية أو سـياقية، تتصل بالمشكلات والتحديات البنيوية التي تعاني منها كل من سوريا والعراق، مثل هشاشة الدولة، والفراغات الأمنية، والمشكلات الاقتصادية والاجتماعية والسياسية الحادة والمتزامنة. ناهيك عن الأوضاع المضطربة في مناطق الإدارة الذاتية في شمال وشـرق سوريا. كل هذه العوامل مجتمعة خلقت بيئة ملائمـة لتصـاعد دور تنظيم "داعش" مـن جديد. ومن ثم فإن أي استشـراف لمستقبل "داعش" في سوريا والعراق لا بد أن يأخذ هذه العوامل بعين الاعتبار.

---

44. لمزيـد مـن التفاصيـل، انظـر: د. محمد أبو رمـان، "مسـتقبل داعـش: عوامل القوة والضـعف.. ديناميكيات "الخلافة الافتراضية" وفجوة اسـتراتيجيات مكافحة الإرهاب، **دراسة**، مؤسسة فريدريش ايرت - مكتب عمان، 2020.؛ بن كونوبال وآخرون، **التغلب على تنظيم الدولة الإسلامية: اختيار اسـتراتيجية جديدة للعراق وسوريا** (كاليفورنيا، سانتا مونيكا: مؤسسة راند، 2017).

Aaron Stein, *The US War Against ISIS: How America and its Allies Defeated the Caliphate* (London: I. B. Tauris, 2021).

الفصل الرابع

مقتل القرشي.. الأبعاد والتداعيات

في 3 فبراير 2022، أعلن الرئيس الأمريكي جو بايدن عن مقتل زعيم تنظيم "داعش"، أبي إبراهيم الهاشمي القرشي، وذلك خلال عملية نفذتها عناصر من القوات الخاصة الأمريكية، استهدفت منزله الكائن بمدينة أطمة في محافظة إدلب بشمال غرب سوريا. وقال الرئيس الأمريكي في خطاب متلفز: "بفضل مهارة وشجاعة قواتنا المسلحة أزلنا من ساحة المعركة أبا إبراهيم الهاشمي القرشي زعيم "داعش"... إن العملية أدت إلى إزاحة إرهابي كبير من ساحة المعركة... لقد اخترنا خيار الإنزال للقوات الخاصة بدلاً من استهدافه بضربة جوية، على الرغم من مخاطرها على قواتنا، واخترنا هذا الخيار لتقليل الخسائر في صفوف المدنيين.. إن الإرهابي كان يحيط نفسه بالنساء والأطفال، وقام بعمل جبان ليفجّر نفسه ويقتل زوجاته وأطفاله بدلاً من مواجهة العدالة على الجرائم التي ارتكبها"[1].

والهدف من هذا الفصل هو تحليل عملية تصفية القرشي من حيث أبعادها الأمنية والسياسية والجغرافية، ولا سيما أن القرشي اختار الإقامة في منطقة تقع تحت سيطرة "هيئة تحرير الشام"، التي كانت تُعرف سابقاً باسم "جبهة النصرة"، في محافظة إدلب. كما يحلل الفصل التداعيات القائمة والمحتملة لهذه العملية، سواء على صعيد الإدارة الأمريكية وسياستها تجاه سوريا، أو على صعيد حاضر تنظيم "داعش" ومستقبله.

وبناءً عليه، يغطي هذا الفصل النقاط الآتية:

---

1. لمزيد من التفاصيل، انظر: هبة القدسي، "بايدن يعلن مقتل زعيم "داعش" بعملية عسكرية شمال غربي سوريا،" جريدة **الشرق الأوسط** اللندنية، 2022/2/4. مُتاح على الرابط الآتي:

https://aawsat.com/home/article/3454756

أولاً: من هو أبو إبراهيم الهاشمي القرشي؟

ثانياً: في أبعاد عملية مقتل القرشي

ثالثاً: في تداعيات عملية مقتل القرشي

رابعاً: من هو أبو الحسن الهاشمي القرشي (الزعيم الجديد لتنظيم "داعش")؟

وفيما يلي عرض لكل من النقاط السابقة بشيء من التفصيل.

أولاً: من هو أبو إبراهيم الهاشمي القرشي؟

من المعروف أن أبا إبراهيم الهاشمي القرشي تولى زعامة تنظيم "داعش" في أعقاب مقتل زعيمه السابق أبي بكر البغدادي في أكتوبر 2019. وقد ظل الرجل غامضاً حتى مقتله، حيث لا توجد معلومات دقيقة وموثقة متاحة عن سيرته الذاتية، بل إن هناك تضارباً في بعض المعلومات والأحداث ذات الصلة به. وحسبما هو شائع ومُتَداول عنه، فإن اسمه الحقيقي هو أمير محمد سعيد عبد الرحمن المولى. وكان يُلقب أيضاً بأسماء أخرى مثل حجي عبد الله وعبد الله قرداش. ويُرجح أنه من مواليد عام 1976 لعائلة تركمانية من بلدة تلعفر التي تبعد نحو (70) كيلومتراً عن الموصل. ومن هنا، فإن اسم أبي إبراهيم الهاشمي القرشي هو مجرد اسم حركي للتغطية على أصوله العرقية؛ لأنه لم يسبق أن تصدر زعامة التنظيم شخص غير عربي. كما أن إضفاء النسب القرشي على زعيم تنظيم "داعش" هو لاعتبارات تتعلق بالشرعية الدينية بحسب رؤية التنظيم لها، حيث يشترط القرشية فيمن يتولى القيادة، تصديقاً لحديث "الأئمة من قريش"، وهو حديث محل جدل وخلاف[2]. وكان المولى قد تخرج في كلية العلوم الإسلامية في الموصل، والتحق بالجيش العراقي لأداء الخدمة العسكرية خلال فترة حكم صدام حسين. وبخصوص علاقته بالتنظيمات الجهادية، فقد

---

2. لمزيد من التفاصيل، انظر: بابكر فيصل، "حول صحة حديث "الأئمة من قريش،" الحرة، 2019/11/19. مُتاح على الرابط الآتي: "https://www.alhurra.com/latest/2019/11/19/؛ لماذا يلقب خليفة أبو بكر البغدادي الجديد بـ القرشي؟، صدى البلد، 2019/10/31. مُتاح على الرابط الآتي: https://www.elbalad.news/4040604

التحق بالفرع العراقي لتنظيم "القاعدة"، الذي ظهر إلى حيز الوجود في أعقاب الغزو والاحتلال الأمريكي للعراق في عام 2003. وفي فترة لاحقة، تختلف المصادر بشأن تحديدها، ألقت القوات الأمريكية القبض عليه، ووضعته في سجن بوكا في العراق. ويُقال إن علاقته مع أبي بكر البغدادي بدأت هناك[3]. وقد ذكرت بعض التقارير والوثائق الأمريكية أن المولى كان يتعاون مع المحققين الأمريكيين في أثناء وجوده في السجن، وذلك بتقديم معلومات عن عناصر وقيادات جهادية بارزة، الأمر الذي ساعد على اعتقال أو تصفية عدد منهم[4].

وبعد الإفراج عن المولى والبغدادي، استمر الأول إلى جانب الثاني في رحلة صعوده، وذلك عندما تولى زعامة الفرع العراقي لتنظيم "القاعدة" في عام 2010، ثم انشق الرجلان عن "القاعدة" لتأسيس تنظيم "الدولة الإسلامية في العراق"، الذي توسع في سوريا فيها بعد، وأصبح يُعرف باسم "تنظيم الدولة الإسلامية في العراق والشام" (داعش). وقد لعب المولى دوراً مهماً في أثناء اجتياح "داعش" لمدينة الموصل العراقية في يونيو 2014. كما أنه من المتورطين في جرائم قتل الآلاف من الإيزيديين وسبي النساء الإيزيديات، التي جرت في مدينة سنجار غرب الموصل في أثناء اجتياح التنظيم لها. كما استطاع المولى أن يثبت وجوده داخل التنظيم، حيث إنه شغل عدة مناصب مهمة أهلته لها خلفيته العسكرية. وبالإضافة

---

3. لمزيد من التفاصيل، انظر: مونت كارلو الدولية، "من هو زعيم تنظيم "الدولة الإسلامية" أبو ابراهيم الهاشمي القرشي الذي قُتل في سوريا؟،" **مونت كارلو الدولية**، 2022/2/3. مُتاح على الرابط الآتي: -https://www.mc doualiya.com؛ سوسن مهنا، "من هو القرشي زعيم "داعش" الذي قتل بغارة أمريكية؟،" **اندبندنت عربية**، 2022/2/5. مُتاح على الرابط الآتي:

https://www.independentarabia.com/node/301081; Feras Kilani, "A Caliph Without a Caliphate: The Biography of ISIS's New Leader," *New Lines Magazine*, April15, 2021. https://newlinesmag. com/reportage/a-caliph-without-a-caliphate-the-biography-of-isiss-new-leader

4. لمزيد من التفاصيل، انظر:

Hararo J. Ingram and Omar Mohammed, "The Head of ISIS Is a Hypocrite and a Traitor," *Foreign Policy*, November 19, 2020. https://foreignpolicy.com/2020/11/19/isis-islamic-state-leader-hypocrite-traitor-mawla-quraishi/; Ellen Francis, Adela Suliman and Miriam Berger, "Who Is the ISIS Leader Killed in the U.S. Raid? Here's What to Know about Qurayshi and Northern Syria," *The Washington Post*, February 3, 2022. https://www.washingtonpost.com/world/2022/02/03/isis-leader-abu-ibrahim-hashimi-qurayshi-killed-raid-syria-idlib/

إلى ذلك، عُرف الرجل بوحشـيته في مواجهـة معارضـي البغدادي. ونظراً لـذلك، ولاعتبارات أخرى تتعلق بقدراته التنظيمية، والتزامه الصارم بأيديولوجيـة التنظيـم، فقد أوصى البغدادي بأن يخلفه المولى في زعامة التنظيم[5]. وبناء على هذه الوصـية تـولى زعامـة التنظيم بعد مرور نحو خمسة أيام على مقتل البغدادي في أكتوبر 2019.

ثانياً: في أبعاد عملية مقتل القرشي

ثمة عدة أبعاد، أمنية وجغرافية وسياسـية، لعملية مقتل القرشـي، أهمها ما يلي:

1. أن العملية تكاد أن تكون نسخة كربونية من عملية تصفية سـلفه أبي بكر البغدادي. فالرجلان قُتلا في محافظة إدلب بشمال غرب سوريا. وهي تقع على الحدود السـورية – التركية، وتُعَدُّ بمنزلة البوابة التي تطل منها سوريا على تركيا. ولا يبعد المنزل الذي قُتل فيه البغدادي كثيراً عن المنزل الذي قُتل فيه القرشـي. كما أن القرشـي كـرر نفس مـا فعله البغدادي، إذ فَجَّرَ نفسه قبل أن يتم إلقاء القبـض عليـه حيـاً مـن قِبَـل عناصـر القوات الخاصة الأمريكية (الكوماندوز) الذين داهموا منزله، مما ترتب عليه مقتل عدد من الأشخاص كانوا معه، من بينهم نساء وأطفال.

2. أن هناك عوامـل عـدة تقـف وراء اختيـار محافظـة إدلـب مقـرّاً لإقامـة زعيم تنظيم "داعش"، منها أن المحافظة تضم عشـرات الآلاف من النازحين الذين فروا إليها هرباً من ويلات الحرب، الأمر الذي يجعلها مكانـاً ملائمـاً لمـن يريـد التخفـي بـين أغـراب نازحين أجبرتهم الظروف على الاستقرار في هذه المنطقة مـن سـوريا. وبالإضافة إلى ذلك، فإن محافظة إدلب تقع حاليـاً تحت سيطرة قـوى عـدة، هـي: النظام السـوري، وهيئة تحرير الشام (جبهة النصرة سابقاً)، والتي تسـيطر على أقل من نصف مسـاحة

---

5. لمزيـد مـن التفاصـيل، انظـر: عـرّاب "المـذابح والعبوديـة الجنسـية".. مـن هـو زعـيم داعـش المقتـول؟، **الحـرة**، 2022/2/3. مُتـاح على الـرابط الآتي: https://www.alhurra.com/iraq/2022/02/03/؛ أبـو إبـراهيم القرشـي: زعـيم "الدولـة الإسـلامية" الـذي قتلتـه أمريكا في غـارة ليليـة كسـلفه، *News* BBC عربي، 2022/2/3. مُتـاح على الـرابط الآتي: https://www.bbc.com/arabic/middleeast-50263087

إدلب. وهناك أجزاء من المحافظة خاضعة لسيطرة تركيا وبعض فصائل المعارضة السورية الموالية لها. كما أن هناك بعض التنظيمات الجهادية الصغيرة التي تتمركز في المحافظة مثل "تنظيم حراس الدين" المرتبط بتنظيم "القاعدة". وفي ظل هذه التوازنات المعقدة السائدة في إدلب اختار القرشي الإقامة في منطقة تقع تحت سيطرة "هيئة تحرير الشام"، العدو اللدود لتنظيم "داعش"، لإبعاد الشبهات. وبالإضافة إلى ذلك، فإن هناك اتفاقاً لوقف إطلاق النار وخفض التصعيد في إدلب، تم توقيعه بين روسيا وتركيا في عام 2020. وعلى الرغم من أنه يتم اختراق هذا الاتفاق من حين إلى آخر، فإن استمرار سريانه يجذب القيادات الجهادية الإرهابية إلى المنطقة، حيث يوفر درجة من الهدوء والأمن لا تتوافر في مناطق أخرى. كل هذه العوامل شجعت القرشي وغيره من قيادات وأعضاء بعض التنظيمات الجهادية الإرهابية على الإقامة في إدلب. ونتيجة لذلك يرى بعضهم أنها حلت محل باكستان بصفتها ملاذاً مفضلاً للإرهابيين[6].

3. نظراً لأن القرشي كان يقيم في منطقة قريبة من مواقع القوات التركية في منطقة عفرين القريبة بشمال غربي سوريا، كما أنها لا تبعد سوى مئات الأمتار عن حواجز ومقرات عسكرية تابعة لـ "هيئة تحرير الشام" العدو الرئيسي لتنظيم "داعش"، نظراً لذلك فقد أثار البعض العديد من التساؤلات حول مدى علم الاستخبارات التركية بوجود القرشي في هذه المنطقة من عدمه، ولا سيما أن أنقرة تعادي قوات سوريا

---

6. لمزيد من التفاصيل، انظر: القرشي وقبله البغدادي.. منطقة اختباء زعماء داعش تثير التساؤلات، **الحرة**، 2022/2/4. مُتاح على الرابط الآتي:

https://www.alhurra.com/arabic-and-international/2022/02/04

سوريا. محافظة إدلب في طريقها للتحول إلى قطاع غزة جديد، *DW*، 2021/3/8. مُتاح على الرابط الآتي: https://www.dw.com/ar/؛ فراس كرم، "أهالي أطمة مشغولون بألغاز اختباء زعيم "داعش" عندهم،" **جريدة الشرق الأوسط اللندنية**، 2022/2/6. مُتاح على الرابط الآتي: https://aawsat.com/home/article/3457966؛ ماذا يحدث في إدلب؟.. "عاصمة الإرهاب في العالم" تفرض ترتيبات جديدة، **الحرة**، 2022/2/16. مُتاح على الرابط الآتي: https://www.alhurra.com/syria/2022/02/16؛ الحرب في سوريا: اتفاق روسي تركي على وقف إطلاق النار في إدلب، *BBC News*، 2020/3/5. مُتاح على الرابط الآتي:

https://www.bbc.com/arabic/middleeast-51730835

الديمقراطية (قسد)، إذ تراها امتداداً لحزب العمال الكردستاني، ومن ثم فإن كل ما يضعف "قوات سوريا الديمقراطية" يصب في مصلحة تركيا. وعلى خلفية ذلك، اتهمت (قسد) تركيا بالضلوع في عملية سجن الصناعة بحي غويران. وعلى صعيد آخر، أشار بعضهم إلى احتمال وجود نوع من التفاهم الضمني بين "هيئة تحرير الشام" و"تنظيم داعش" بشأن إقامة القرشي في المنطقة. كما لم يستبعد آخرون احتمال أن تكون "هيئة تحرير الشام" قد زودت واشنطن بمعلومات مكنتها من استهداف القرشي، وذلك في إطار مساعيها من أجل تبييض صفحتها، والتقرب من الولايات المتحدة الأمريكية والغرب، لا سيما بعد أن أعلنت انفصالها نهائياً عن تنظيم "القاعدة"، وقيامها بتشكيل حكومة الإنقاذ لإدارة شؤون المناطق الواقعة تحت سيطرتها، فضلاً عن سعيها لإضعاف الجماعات الجهادية المنافسة. والهدف من وراء ذلك هو الحصول على نوع من القبول الدولي، يمكنها من أن تكون طرفاً في أي ترتيبات سياسية مستقبلية بشأن سوريا. وفي هذا السياق، طلبت "هيئة تحرير الشام" في الآونة الأخيرة من عناصر جهادية متشددة مغادرة إدلب. ولكن في جميع الأحوال تظل التحليلات بشأن علاقة كل من تركيا و"هيئة تحرير الشام" بمقتل القرشي مجرد اجتهادات وتخمينات، إذ لم يُكشَف عن معلومات دقيقة وموثقة بهذا الخصوص.[7]

4. دأبت الولايات المتحدة الأمريكية على استهداف قيادات وكوادر التنظيمات الجهادية الإرهابية، سواء في سوريا أو العراق أو اليمن أو الصومال أو أفغانستان أو غيرها، اعتماداً على الضربات الجوية باستخدام طائرات من دون طيار (درونز) أو مروحيات

---

7. لمزيد من التفاصيل، انظر: مركز المستقبل للأبحاث والدراسات المتقدمة، "تصفية القرشي: ملابسات وتداعيات اغتيال زعيم تنظيم داعش في سوريا،" **تقديرات المستقبل**، 2022/2/9. مُتاح على الرابط الآتي: https://futureuae.com/ar-AE/Mainpage/Item/7076؛ رياض الزين، "تحرير الشام تطلب من متشددين أجانب مغادرة إدلب،" **جريدة الشرق الأوسط اللندنية**، 2022/2/8. مُتاح على الرابط الآتي: https://aawsat.com/home/article/3461616/

Nagwan Soliman, "The New Jihadists and the Taliban Model," *Sada: Middle East Analysis*, December 2021. https://carnegieendowment.org/sada/86049

هجومية. ولكن بخصوص عملية تصفية القرشي فَضَّلَتْ إدارة بايدن استخدام وحدة من القوات الخاصة الأمريكية (كوماندوز) مدعومة بطائرات مروحية. وسوّغت ذلك بالرغبة في تجنب وقوع ضحايا بين المدنيين. ولكنَّ ثمة بُعْداً آخر للموضوع تؤكده السوابق التاريخية، وهو أن الولايات المتحدة الأمريكية تلجأ إلى هذا الأسلوب، على الرغم من مخاطره الشديدة على قواتها، لاصطياد قيادات بارزة تمثل أهدافاً عالية القيمة، وبخاصة عندما تكون هناك رغبة في اعتقالهم وهم على قيد الحياة. ولذلك اتبعت هذا الأسلوب في تصفية كل من أسامة بن لادن زعيم تنظيم "القاعدة"، وأبي بكر البغدادي الزعيم السابق لتنظيم "داعش". ومن المعروف أن الولايات المتحدة الأمريكية كانت قد رصدت في أغسطس 2019 مكافأة مالية بقيمة خمسة ملايين دولار لمن يدلي بأي معلومات تقود إلى القبض على القرشي، والذي كان في ذلك الوقت قيادياً في تنظيم "داعش". وفي يونيو 2020، رفعت قيمة المكافأة إلى عشرة ملايين دولار بعد أن وضعته على لائحتها السوداء للإرهابيين الدوليين[8].

5. أن مقتل القرشي جاء في أعقاب إحباط عملية سجن الصناعة بحي غويران، وهي أكبر وأخطر عملية إرهابية نفذها تنظيم "داعش" منذ الإعلان عن هزيمته العسكرية في سوريا في مارس 2019. وتذهب بعض المصادر إلى أن المعلومات التي حصلت عليها "قوات سوريا الديمقراطية" (قسد) من بعض قيادات وكوادر التنظيم الذين تم اعتقالهم في أثناء المواجهات التي جرت داخل سجن الصناعة وفي محيطه، أفادت في الكشف عن المنزل الذي كان يقطن فيه زعيم تنظيم "داعش"، وأن قوات سوريا الديمقراطية زودت الولايات المتحدة الأمريكية بهذه المعلومات. كما زودتها الحكومة العراقية بمعلومات مماثلة جمعتها أجهزتها الأمنية المختصة، الأمر الذي مكنها في نهاية

---

8. لمزيد من التفاصيل، انظر: غوردون كوريرا، "أبو إبراهيم القرشي: لماذا كان استهداف زعيم تنظيم الدولة الإسلامية أمراً بالغ الأهمية للولايات المتحدة، *BBC News*، 2022/2/4، متاح على الرابط الآتي: https://www.bbc.com/arabic/middleeast-60254848 بايدن يتعهد بمواصلة مطاردة الجهاديين بعد مقتل زعيم تنظيم "الدولة الإسلامية" في عملية أمريكية، **فرانس 24**، 2022/2/4، مُتاح على الرابط الآتي: https://www.france24.com/ar

المطاف من استهداف القرشي. ولعل هذا ما يفسـر حرص الرئيس بايدن على توجيـه الشكر لـ"قوات سوريا الديمقراطية" في البيان المتلفز الـذي خصصـه للإعـلان عـن مقتل القرشي. وأضاف في البيان نفسه "سنعمل مع شـركائنا مـن القوات العراقية وقوات سوريا الديمقراطية والبيشمركة لضمان حماية بلادنا"[9]. ومهما يكن من أمر، فإن تنفيذ عمليات كبيرة من هذا النوع عادة ما يستغرق أشهراً مـن الإعـداد والتحضـير، وجمع المعلومات من مصادر مختلفة، والتنسـيق مع جهات عديدة.

ثالثاً: في تداعيات عملية مقتل القرشي

بخصوص تداعيات عملية مقتل القرشـي، يمكـن القـول: إن هـذه العمليـة تمثـل انتصاراً سـياسـياً لإدارة بايدن في وقـت تتراجع فيه شعبية الـرئيس لأسباب، داخليـة وخارجية، عديدة لا يتسع المجال للخوض فيها. ومع اقتراب موعـد انتخابـات التجديـد النصفي للكونجرس، فإن إدارة بايدن تستطيع توظيف هذه العملية سياسياً بالتركيز على بُعْدَيْن. **أولهما**، أنه إذا كان الرئيس ترامب قد أمر بقتل البغدادي، فإن أوباما سبق له أن أمر بقتل بن لادن في عام 2011، وجاء بايدن ليأمر بقتل القرشـي في عـام 2022. **وثـانيهما**، أن العملية تؤكد قدرة الولايات المتحدة الأمريكية على تعقب القيادات الإرهابية في أي مكان، وأن الانسحاب الأمريكي من أفغانستان لن يؤثر في هذه القدرة. وهذا مـن شـأنه تحسـين الصورة السلبية التي ترسخت عـن الولايات المتحـدة مـن جراء انسـحابها الفوضوي والكارثي من أفغانستان[10]. ولكن في جميع الأحـوال تظـل شـعبية بايدن مرهونـة بعوامـل أخرى عديدة غير محاربة تنظيم "داعش" وقتل زعيمه.

---

9. لمزيد من التفاصيل، انظر: بايدن أشاد بها.. ما الدور الذي لعبته "قسد" في عملية "القرشي"؟، **الحرة**، 2022/2/4. مُتاح على الرابط الآتي: /https://www.alhurra.com/syria/2022/02/04؛ بايدن: سنعمل مع القوات العراقية و"قسـد" و"البيشـمركة" لضـمان حمايـة بلادنـا، *RT*، 2022/2/3، مُتـاح علـى الـرابط الآتـي: -https://arabic.rt.com/middle_east/1321213

10. لمزيد من التفاصيل، انظر: مقتل القرشي.. تقرير يتحدث عن "5 ملاحظات" بشأن العملية العسكرية، **الحرة**، 2022/2/5. مُتاح على الرابط الآتي:
https://www.alhurra.com/arabic-and-international/2022/02/05

كما تؤكد عملية تصفية القرشي، ومن قبلها عملية سجن الصناعة بحي غـويران، أهمية استمرار الوجود العسكري الأمريكي في شمال شـرقي سوريا، حيث يوجد للولايات المتحدة الأمريكية حالياً نحـو (900) جنـدي هنـاك. والسبب وراء ذلـك هـو أن خـروج القوات الأمريكية من المنطقة سوف يصب في مصـلحة "داعـش"، ولا سـيما أن "قـوات سوريا الديمقراطية" لا تستطيع مواجهة التحدي الذي يمثله التنظيم اعتـماداً عـلى قـدراتها الذاتية. وقد قدمت أحداث سجن الصناعة دليلاً دامغاً على ذلك، إذْ استمرت المواجهـات المسلحة بين الجانبين لأكثر مـن أسبوع. ولـولا الـدور البـارز الـذي قامت بـه القـوات الأمريكية، لكانت مهمة استعادة "قـوات سـوريا الديمقراطيـة" السـيطرة عـلى السـجن أصعب بكثير [11].

ونظراً لأن عملية تصفية كل من القرشي ومن قبله البغدادي قد تمت في إدلب، فإن ذلك يضع المحافظة في دائرة الضوء بوصفها باتت تمثل ملاذاً مفضلاً لقيـادات وعناصـر جهادية إرهابية على نحو ما سبق ذكره. وعلى الـرغم مـن حالـة الجمـود السـياسي التـي تشهدها الأزمة السورية في الوقت الراهن، فإنه ربما يكون هناك مبادرات أو تحركـات مـن بعض الأطراف الإقليمية والدولية المعنية بالشأن السوري من أجل وضع بعض الترتيبـات أو التفاهمات بشأن إدلب، أخذاً في الاعتبـار أن الحـرب الأوكرانيـة وتـداعياتها قـد تجعـل الأمور أكثر تعقيداً على الساحة السورية على نحو ما سيأتي ذكره [12].

أمّا على مستوى تنظيم "داعش"، فإن مقتل القرشي يمثل بلا شك ضـربة قاسـية للتنظيم، وذلك من جوانب عديدة، منها: حالة الارتباك والخلخلة التـي قـد تصـيبه بعد

---

11. لمزيد من التفاصيل، انظر: التحالف الدولي: داعش لا يزال يشكل خطرا وجوديا للمنطقة، **الحرة**، 2022/1/26. مُتاح على الرابط الآتي:

https://www.alhurra.com/arabic-and-international/2022/01/26

12. لمزيد من التفاصيل، انظر:

Anchal Vohra, "Rebel-Held Syria Is the New Capital of Global Terrorism, *Foreign Policy*, February 15, 2022. https://foreignpolicy.com/2022/02/15/syria-idlib-qaeda-isis-biden-assad-terrorism

غياب زعيمه، فضلاً عن الأثر النفسي والمعنوي، ذلك أن تصفية رأس التنظيم يثير الكثير من التساؤلات والهواجس لدى الأعضاء بشأن انكشاف التنظيم، واحتمالات تعرضه لمزيد من الضربات الأمنية، ولا سيما أن الولايات المتحدة الأمريكية تمكنت من الوصول إلى القرشي على الرغم من أنه لم يخرج من منزله، ولم يظهر علناً قط، ولم يستخدم وسائل الاتصال الحديثة، ولم يسجل أي فيديوهات على غرار ما كان يفعل سلفه أبو بكر البغدادي[13]. كما رأى بعضهم أن مقتل القرشي من شأنه أن يدخل التنظيم في مسألة اختيار خليفة له. وهذه المسألة قد تكتنفها بعض التعقيدات، نظراً لأن جل العناصر القيادية المرشحة لخلافته من جيل المؤسسين قد قُتلوا أو اعتُقلوا، الأمر الذي يجعل دائرة الاختيار ضيقة[14].

وخلافاً لما توقعه بعضهم بشأن بعض العقبات والصعوبات التي تؤخر عملية اختيار خليفة للقرشي، وسد الفراغ على مستوى قيادة التنظيم، فإن هذه العملية لم تستغرق وقتاً طويلاً. ففي 10 مارس 2022، أي قبل مُضي أربعين يوماً على مقتل القرشي، أكد التنظيم للمرة الأولى مقتله. كما أعلن عن تولي أبي الحسن الهاشمي القرشي زعامة التنظيم خلفاً له. وقد جاء ذلك في رسالة صوتية نشرها المتحدث باسم التنظيم أبو عمر المهاجر. وأضاف المهاجر أن الزعيم السابق للتنظيم اختار أبا الحسن الهاشمي القرشي ليكون خليفة له في حال مقتله[15]. ويمثل ذلك تكراراً لسيناريو تولي أبي إبراهيم الهاشمي القرشي زعامة التنظيم في أكتوبر 2019، إذْ كان البغدادي قد اختاره لخلافته.

---

13. لمزيد من التفاصيل، انظر:

Hassan Hassan, "Keeping up With the Qaradashians: The killing of the ISIS leader Thursday hints at how the terror group has evolved - by returning to its roots," *New Lines Magazine*, February 3, 2022. https://newlinesmag.com/argument/keeping-up-with-the-qaradashians

14. لمزيد من التفاصيل، انظر: خبراء يرجحون اختيار عراقي ذي خبرة عسكرية لقيادة "داعش"، جريدة **الشرق الأوسط** اللندنية، 2022/2/11، مُتاح على الرابط الآتي: https://aawsat.com/home/article/3467921؛ اختاره الخليفة المقتول".. ماذا نعرف عن الزعيم الجديد لداعش؟، الحرة، 2022/3/10، مُتاح على الرابط الآتي: https://www.alhurra.com/arabic-and-international/2022/03/10

15. لمزيد من التفاصيل، انظر:

Haroro Ingram and Craig Whiteside, "ISIS's Leadership Crisis: A Vacancy at the Top Threatens the Group's Global Operations," *Foreign Affairs*, February 23, 2022. https://www.foreignaffairs.com/articles/world/2022-02-23/isiss-leadership-crisis

وفي إطار تحليل انعكاسات مقتل القرشي على التنظيم، رجح الخبراء والباحثون أن يترتب على ذلك "خسارة التنظيم بيعات بعض الجماعات المتطرفة، وخسارة بعض مصادر التمويل، وخسارة استقطاب عناصر جديدة. تنظيم داعش يستغل حالات "الوهج"، أي صعود التنظيم بتنفيذ عمليات معقدة وواسعة، في دعايته المتطرفة، من أجل الحصول على مجندين جدد، ومصادر تمويل جديدة، وربما بيعات من فصائل مسلحة أخرى، لكن مقتل زعيم التنظيم، يعني حصول "انكسار داخلي" يضر بمعنويات قيادات التنظيم وعناصره، عندما لا يستطع زعيم التنظيم أن يؤمن حياته الشخصية، فما بالك بقيادات التنظيم وعناصره؛ أي شعور مقاتلي داعش بأن التنظيم تعرض بالفعل إلى خُروقات داخلية، وهذا يعني أن التنظيم يفقد الثقة بين أعضائه، وكذلك يمكن أن يكون مرفوضاً من قبل بقية الفصائل المسلحة"[16].

ولكن جاءت التطورات المتعلقة بسرعة حسم مسألة خلافة القرشي، وعدم مبادرة أي فروع من فروع التنظيم بإعلان الانشقاق عنه حتى الآن (منتصف مارس 2022)، جاءت لتؤكد عدم دقة بعض هذه التوقعات، ولا سيما أن التنظيم استمر في تنفيذ عمليات وأنشطة إرهابية بعد مقتل القرشي على نحو ما سيأتي ذكره.

ولكن على الرغم من أن مقتل القرشي مَثَّل ضربة قاسية لـ "داعش"، فإنه من المرجح أن يكون تأثيرها على انتشار التنظيم، والعمليات والأنشطة الإرهابية التي يمكن أن ينخرط فيها، تأثيراً مؤقتاً ومحدوداً، وذلك لأسباب عديدة:

أولها، أن الخبرة التاريخية لتنظيم "داعش" تؤكد قدرته على تجاوز أزمة فراغ القيادة بسرعة. وهذا ما حدث في عام 2010، عندما تولى أبو بكر البغدادي قيادة التنظيم بعد مقتل أبي عمر البغدادي. وتكرر الشيء نفسه في عام 2019 عندما تمت مبايعة القرشي

---

16. انظر: د. جاسم محمد، "داعش .مقتل القرشي زعيم التنظيم .النتائج والمعالجات،" **دراسات،** المركز الأوربي لدراسات مكافحة الإرهاب والاستخبارات، 2022/2/5. متاح على الرابط الآتي:
https://www.europarabct.com

خليفةً للبغدادي، وذلك بعد أقل من أسبوع على مقتل الأخير. وعادة ما تتحسب التنظيمات الجهادية الكبيرة لهذا الاحتمال، فيكون هناك نوع من التوافق والترتيبات بشأن من سيخلف زعيم التنظيم في حال شغور منصبه. وفي 10 مارس 2022، أعلن التنظيم عن اسم زعيمه الجديد، على نحو ما سبق ذكره. وبذلك يؤكد "داعش" مجدداً قدرته على التكيف السريع مع المستجدات، بما في ذلك مقتل زعيمه [17].

وثانيها، أن تنظيم "داعش" أثبت قدرته على الاستمرارية بعد اغتيال البغدادي، فاستطاع أن يعيد تنظيم صفوفه في كل من سوريا والعراق ويستأنف أنشطته الإرهابية. كما أن فروعه وخلاياه نشطت في دول آسيوية وإفريقية عدة. وتكفي الإشارة إلى دور تنظيم "ولاية خراسان"، فرع داعش في أفغانستان، وفروع داعش في دول منطقة الساحل والصحراء [18]. ولذلك فليس من قبيل المبالغة القول: إن التنظيم يحتل صدارة المشهد الجهادي الإرهابي العالمي في الوقت الراهن، وما يزال يشكل خطراً عالمياً. وعلى الرغم من أن الرئيس الأمريكي السابق دونالد ترامب، سبق أن أعلن عن هزيمة التنظيم في أعقاب مقتل البغدادي في أكتوبر عام 2019، وشرع في سحب القوات الأمريكية من سوريا، إلا أن التنظيم نفذ خلال العامين الماضيين آلاف العمليات الإرهابية في سوريا والعراق

---

17. لمزيد من التفاصيل، انظر:

Adham Karam, "The Future of the Islamic State in Iraq and Syria after the Killing of its Latest Caliph," *Policy Analysis / Fikra Forum*, The Washington Institute for Near East Policy, Feb 28, 2022. https://www.washingtoninstitute.org/pdf/view/17304/en

18. لمزيد من التفاصيل، انظر:

Namrata Goswami, "ISIS in South and Southeast Asia," *Indo - Pacific Forum*, January 27, 2020. https://ipdefenseforum.com/isis-in-south-and-southeast-asia/ ; Zachary Abuza and Colin P. Clarke, "The Islamic State Meets Southeast Asia," *Foreign Affairs*, September 16, 2019. https://www.foreignaffairs.com/articles/southeast-asia/2019-09-16/islamic-state-meets-southeast-asia;Gavin Helf, "Central Asia Leads the way on Islamic State Returnees," *United States Institute of Peace*, September 13, 2019. https://www.usip.org/blog/2019/09/central-asia-leads-way-islamic-state-returnees; Jacob Zenn, "ISIS in Africa: The Caliphate's Next Frontier," *Special Analysis, Center for Global Policy*, May 26, 2020. https://cgpolicy.org/articles/isis-in-africa-the-caliphates-next-frontier; Eleanor Beevor and Flore Berger, "ISIS Militants Pose Growing Threat Across Africa," *Analysis, IISS*, June 2, 2020. https://www.iiss.org/blogs/analysis/2020/06/csdp-isis-militants-africa

وخارجهما. ومن هنا فإن مقتل زعيم آخر للتنظيم لن يؤثر كثيراً في انتشاره وعملياته، ذلك أن هذا التأثير سوف يكون مؤقتاً ومحدوداً في أفضل الأحوال[19].

وثالثها، على الرغم من أهمية عنصر القيادة بالنسبة إلى تنظيم "داعش"، أُسوة بسائر التنظيمات الجهادية الإرهابية، فإن الرابطة الأهم التي تجمع بين فروعه وخلاياه المنتشرة في دول عدة هي الرابطة الأيديولوجية التي تتمحور حول الفكر التكفيري الذي يتبناه التنظيم، والذي بلغ به حدوداً قصوى، لدرجة أنه خلق ثقافة تكفيرية داخل التيار التكفيري ذاته. وليس من السهل على معتنقي مثل هذه الأيديولوجية التخلي عنها، ولا سيما أنها تقوم على تكفير الجميع ما عدا المنتمين إلى التنظيم[20].

ورابعها، أن طبيعة شخصية القرشي، ونمط إدارته لتنظيم "داعش" ترجحان فرضيةَ محدوديةِ تأثير مقتله في مستقبل التنظيم. إذ لم يكن يمتلك كاريزما البغدادي الذي قاد التنظيم خلال فترته الذهبية (فترة دولة الخلافة الإسلامية). كما أنه منذ أن تولى زعامة التنظيم في أكتوبر 2019 لم يظهر علناً، ولم يخاطب أعضاء التنظيم أو يعلق على عملياته. كما أنه لم يظهر في أي من مطبوعات التنظيم أو منشوراته الإعلامية. ولم يستخدم وسائل الاتصال الحديثة لأسباب أمنية. وهنا يتجلى الفارق الكبير بينه وبين قيادات من طراز البغدادي، وبن لادن والظواهري (زعيما تنظيم القاعدة على التوالي)، من حيث البيانات والخطب التي كانوا يسجلونها على مقاطع فيديو، ثم تحظى بتغطية إعلامية واسعة على

---

19. لمزيد من التفاصيل، انظر:

Fawaz A. Gerges, "The Islamic State Has Become a Resilient Insurgency," *Foreign Policy*, Foreign Policy, February 7, 2022. https://foreignpolicy.com/2022/02/07/qurayshi-death-leader-islamic-state-current-strength

20. لمزيد من التفاصيل، انظر: د. حسن أبو طالب، "الحرب مع داعش... ممتدة ومكلفة،" **جريدة الشرق الأوسط اللندنية**، 2022/2/8، مُتاح على الرابط الآتي: https://aawsat.com/home/article/3462036

Hassan Hassan, "The Sectarianism of the Islamic State: Ideological Roots and Political Context," *Research Paper*, Carnegie Endowment for International Peace, June 2016, p. 1; Pasar Sherko, "How Islamic State Ideology Contributes to Its Resilience," *Policy Analysis/ Fikra Forum*, The Washington Institute for Near East Policy, Jul 1, 2021

المستوى العالمي. فكل ما قام به القرشي منذ توليه زعامة "داعش" هو "إعادة هيكلة لبعض مؤسسات التنظيم، بالإضافة إلى تشكيل لجنة مفوضة، تتضمن عدداً محدوداً من القيادات، معظمهم عراقيون، لتمثيل القيادة المركزية. كما يُلاحظ أنه أسس أربعة مجالس: عسكري وشرعي وأمني وإعلامي، تقوم باتخاذ القرارات والتنفيذ بصورة لامركزية. ولا يوجد اتصالات بينها وبين القيادة، أو إدارة عمليات المنظمات الفرعية حول العالم، مع وجود مجلس إعلامي مركزي يحاول المحافظة على مكانةٍ مركزيةٍ للتنظيم"[21]. وبالإضافة إلى ذلك، فإن العملية الكبيرة التي أراد بها القرشي أن يسجل بصمته الشخصية في مسيرة تنظيم "داعش"، وهي عملية سجن الصناعة بحي غويران، جاءت بنتائج كارثية، إذ قُتل المئات من مقاتلي "داعش"، فضلاً عن اتخاذ إجراءات بشأن تشديد الرقابة على السجون التي تضم عناصر التنظيم، سواء في سوريا أو العراق.

وخامسها، أن التحولات التي لحقت بهيكلية التنظيم واستراتيجيته الحركية في مرحلة ما بعد البغدادي، ترجح احتمال محدودية تأثير غياب القرشي في مستقبل التنظيم. ومن أبرز هذه التحولات هو الأخذ باللامركزية بدلاً من المركزية على مستوى التمويل والتسليح والتدريب وتنفيذ العمليات الإرهابية. كما تبنى التنظيم أساليب حرب العصابات بدلاً من الدخول في مواجهات مفتوحة مع جيوش نظامية، هذه التحولات وغيرها قلّصت من دور القرشي على مستوى العمليات والأنشطة التي تقوم بها فروع التنظيم وخلاياه. فتبعيتها للتنظيم أصبحت تقوم بالأساس على الرابطة الأيديولوجية على نحو ما سبق ذكره، وفيما عدا ذلك فهي ترتبط أكثر بقيادات محلية، وتتمتع بقدرٍ يُعْتَدّ به من الاستقلالية من حيث مصادر التمويل والتسليح. كما أنها تخطط للعمليات والأنشطة الإرهابية التي تنفذها في ضوء الظروف والمعطيات المحيطة بكل منها، دون انتظار لأوامر

---

21. انظر: مركز المستقبل للأبحاث والدراسات المتقدمة، "تصفية القرشي: ملابسات وتداعيات اغتيال زعيم تنظيم داعش في سوريا،" تقديرات المستقبل، 2022/2/9. مُتاح على الرابط الآتي: https://futureuae.com/ar-AE/Mainpage/Item/7076؛ وانظر كذلك: ماهر فرغلي "داعش: من التمكين إلى الانتشار.. البناء الثالث،" مركز تريندز للبحوث والاستشارات، 2020/12/15. مُتاح على الرابط الآتي:

https://trendsresearch.org/ar/research

أو توجيهات من زعيم التنظيم. ومن هنا، فقد استمر القرشي رمـزاً للتنظيم، إلا أن دوره على مستوى إدارة العمليات والأنشطة الإرهابية ظل محدوداً في أفضل الأحوال، ومـن ثـم فإن غيابه لن يؤثر كثيراً في التنظيم من هذه الناحية[22].

وسادسها، أن تنظيم "داعش" لم يعـد تنظيماً تراتبياً مركزياً، بـل تحـول إلى شبكة جهادية إرهابية عابرة للحدود على نحو ما سبق ذكره. ومن هنا، فإن تراجع دور التنظيم أو حتى اندثاره في هذه الدولة أو تلك لا يعني تراجع دوره أو اندثاره في الدول الأخرى التـي ينتشـر فيها. والدليل على ذلك أن الهزيمة العسكرية لـ "داعش" في كل من سوريا والعراق دفعته إلى تعزيز دوره وأنشطته في بلدان أخرى، وبخاصة في آسيا وأفريقيا. ومما يساعد على ذلك أن التنظيم انتهج استراتيجية حركية تقوم على اللامركزية، مما يعني أن لكل فـرع مـن فروعه قيادته المحلية، ومصادره الخاصة بشأن التمويل والتسليح على نحو ما سبق ذكره. كما أن خلاياه داخل كل من سوريا والعراق دأبت في مرحلة ما بعد البغدادي على العمل في شكل مجموعـات صغيرة، تنفـذ عمليـات إرهابيـة متفاوتـة في حجمهـا وطبيعتهـا، وفـق الظروف والمعطيات المحيطة بها. وفي هذا الإطار، فإنه من المرجح أن تقوم خلايا "داعش" وفروعه بأعمال انتقامية ثأراً لمقتل القرشي، ولا سـيما أن إقدام زعيم التنظيم على قتل نفسه بدلاً من الاستسلام للقوات الأمريكية قد يراه أتباع التنظيم دليلاً على الشجاعة. وهذا قـد يشجع على تنفيذ مقاتلي "داعش" مزيداً من الهجمات الانتحارية[23].

---

22. لمزيد من التفاصيـل، انظر: ضيـاء عـودة، "الـرأس خـرج من سـاحة المعركة.. مصيـر جسـد داعـش بعـد مقتـل القرشي،" **الحرة**، 2022/2/3، مُتاح على الرابط الآتي:

https://www.alhurra.com/arabic-and-international/2022/02/03

مصطفي هاشـم، "جيـش في الانتظار.. تكتيكات لا مركزية لـداعش ومخـاوف مـن العـودة"،" **الحرة**، 2022/1/30. مُتاح على الرابط الآتي: https://www.alhurra.com/iraq/2022/01/30

Ben Hubbard, Leader's Death Is Another Blow for ISIS, but It's Hardly the End," *The New York Times*, February 5, 2022. https://www.nytimes.com/2022/02/05/world/middleeast/isis-qurayshi-death. html

23. لمزيد من التفاصيـل، انظر: طارق الشامي،"ما الذي يعنيه مقتل القرشي لـ "داعش" وبايدن و"قسد"؟ **اندبندنت عربية**، 2022/2/4، مُتاح على الرابط الآتي:

https://www.independentarabia.com/node/300796

وسابعها، أن العمليات الإرهابية لتنظيم "داعش" تواصلت في سوريا على الرغم من مقتل القرشي. وقد تم ذلك قبل الإعلان عن مبايعة زعيم جديد للتنظيم في 10 مارس 2022. وهو ما يؤكد صحة مقولة أن مقتل القرشي لن يؤثر كثيراً في التنظيم. ويكفي في هذا المقام الإشارة إلى بعض العمليات الإرهابية المؤثرة التي نفذها التنظيم. فخلال الأسبوع الأول من مارس 2022، شن مسلحون تابعون لـ "داعش" هجمات مسلحة على مخيم الهول في الحسكة، والذي يضم أكبر عدد من زوجات وأطفال مقاتلي التنظيم. وقد حدثت اشتباكات بين المهاجمين وحراس المخيم نجم عنها قتلى وجرحى على الجانبين. والهدف من هذه الهجمات هو سعي التنظيم للسيطرة على المخيم بحيث يستغله في تجنيد أعضاء جدد، ويتخذه قاعدةً للتخطيط لعملياته وأنشطته الإرهابية. كما شنت خلايا تابعة لـ "داعش" هجوماً مسلحاً على حافلة عسكرية في بادية تدمر بريف حمص الشرقي. وقد أسفر الهجوم عن مقتل (15) عنصراً من قوات النظام، وإصابة (18) آخرين، جروح معظمهم خطيرة[24]. كما تواصلت العمليات الإرهابية لفروع وخلايا "داعش" خارج سوريا والعراق. فعلى سبيل المثال، أعلن التنظيم في 4 مارس 2022 مسؤوليته عن تفجير انتحاري، استهدف مسجداً للشيعة في بيشاور بباكستان، وترتب عليه مقتل (56) شخصاً، وجرح حوالي (149) آخرين. كما نفذت فروع تابعة للتنظيم هجمات عدة في كل من نيجيريا والنيجر والكونغو وموزمبيق وأفغانستان وغيرها[25].

---

24. لمزيد من التفاصيل، انظر: كمال شيخو، "خلايا داعش» تسعى للسيطرة على مخيم الهول شمال شرقي سوريا،" جريـــــــدة الشـــــــرق الأوســــــط اللندنيـــــــة، 2022/3/4، مُتـــاح علــــى الـــرابط الآتــــي: https://aawsat.com/home/article/3510161؛ هجوم بـ "مختلف أنواع الأسلحة" يقتل 15 عسكرياً من قوات النظام السوري، **الحرة**، 2022/3/6، مُتاح على الرابط الآتي:
https://www.alhurra.com/syria/2022/03/06

25. لمزيد من التفاصيل، انظر: "داعش" يعلن عن تفجير مسجد في باكستان ومقتل 56 شخصاً، **اندبندنت عربية**، 2022/3/5. مُتاح على الرابط الآتي: https://www.independentarabia.com/node/308776؛ أحمد كامل البحيري، "كيف تعامل تنظيم داعش مع مقتل القرشي؟،" **قضايا وتحليلات**، مركز الدراسات السياسية والاستراتيجية بجريدة الأهرام. 2022/2/6. مُتاح على الرابط الآتي:
https://acpss.ahram.org.eg/News/17392.aspx; Kathy Gannon and Riaz Khan | AP, "IS claims Pakistan bombing that kills 56 at Shiite mosque," *The Washington Post*, March 4, 2022. https://www.washingtonpost.com/world/mosque-bombed-in-northwest-pakistan-at-least-30-killed/2022/03/04/48a58530-9b9b-11ec-9987-9dceee62a3f6_story.html

رابعاً: من هو أبو الحسن الهاشمي القرشي (الزعيم الجديد لتنظيم "داعش")؟

في 10 مارس 2022، بث المتحدث باسم تنظيم "داعش" أبو عمر المهاجر تسجيلاً صوتياً عبر "تلغرام"، أكد فيه للمرة الأولى مقتل زعيم التنظيم أبي إبراهيم الهاشمي القرشي، وكذلك مقتل المتحدث السابق باسمه أبي حمزة القرشي. وبحسب البيان، فقد استقر أهل الحل والعقد (مجلس شورى التنظيم) على مبايعة أبي الحسن الهاشمي القرشي زعيماً جديداً للتنظيم. كما دعا البيان أعضاء التنظيم إلى مبايعته ومواصلة عملياتهم. وقد أكد المتحدث باسم التنظيم أن اختيار الزعيم الجديد جاء تنفيذاً لوصية أبي إبراهيم الهاشمي القرشي، مشيراً إلى أن آخر إنجازات الزعيم السابق للتنظيم هو تحرير عدد من سجنائه الذين كانوا محتجزين في سجن الصناعة بحي غويران. وبذلك أصبح أبو الحسن الهاشمي القرشي ثالث زعيم لتنظيم "داعش" منذ أن أعلن عن تغيير اسمه إلى "الدولة الإسلامية" في يونيو 2014[26].

ويُلاحظ أن سيناريو تولي أبي الحسن الهاشمي القرشي لقيادة تنظيم "داعش" لا يختلف عن سيناريو تولى سلفه لهذه المهمة، إذ كان أبو بكر البغدادي قد اختاره لخلافته. وفي أعقاب مقتل البغدادي في أكتوبر عام 2019، تم تنفيذ وصيته بمبايعة أبي إبراهيم الهاشمي القرشي زعيماً للتنظيم. ويؤكد ذلك حقيقة أن التنظيمات الجهادية الإرهابية الكبيرة عادة ما تتحسب لاحتمال مقتل زعيم التنظيم، بحيث يكون هناك ترتيبات لتجاوز حالة الفراغ القيادي، وما يمكن أن يترتب عليها من تداعيات بشأن تماسك التنظيم واستمراريته على نحو ما سبق ذكره.

ومثلما هو الحال بالنسبة إلى الزعيم السابق للتنظيم أبي إبراهيم الهاشمي القرشي، فإنه لا توجد معلومات كافية موثقة عن الزعيم الجديد للتنظيم أبي الحسن الهاشمي

---

26. لمزيد من التفاصيل، انظر: "داعش" يعلن مقتل زعيمه ومبايعة خلف جديد له، *RT*، 2022/3/10. متاح على الرابط الآتي: https://arabic.rt.com/world/1332875؛ تنظيم "الدولة الإسلامية" يؤكد مقتل زعيمه أبو إبراهيم القرشي ويعين خلفاً له، فرانس 24، 2022/3/10. مُتاح على الرابط الآتي: https://www.france24.com/ar/

القرشـي، ولا سـيما أن "داعش" اعتاد إطلاق العديد من الأسماء والكُنى على قياداتـه مـن باب التمويه لاعتبارات أمنية. وبحسـب المعلومـات المتاحـة عـن الـزعيم الجديـد لتنظيـم "داعش"، فإنه عراقي الجنسـية، واسمه الحقيقي هو جمعة عواد البدري. ومن المفارقات أنه شقيق أبي بكر البغدادي، وكان مرافقه الشخصي ومستشاره الشـرعي. كـما أنه مـن القلائـل الذين ما يزالون على قيد الحياة من قيادات الجيل الأول للتنظيم. وبخصوص اسـم أبي الحسن الهاشمي القرشـي، فإنه مجرد كُنية أو اسم حركي للزعيم الجديد، وذلك على غرار اسم سـلفه، حيث يحرص تنظيم "داعش" على نسبة قياداته إلى قبيلة قـريش لاعتبارات تتعلق بالشـرعية الدينية، حيث يدعي التنظيم أن قادته ينحدرون من القبيلة التي يتنسب إليها النبي محمـد صلـى الله عليه وسلم، وأن الخليفة في تصورهم يجب أن يكون قرشياً بحسب حديث "الأئمة من قريش"، وهو حديث محل جدل وخلاف على نحو ما سبق ذكره [27].

وقد سبق للزعيم الجديد لتنظيم "داعش" أن تولى عدة مناصب في صفوف التنظيم، تمثلت في: أمير ديوان القضاء والمظالم، والمسؤول عن إمارة المكتب المركزي لمتابعة الدواوين الشـرعية، وأمير ديوان التعليم. كما أنه ظل لفترة طويلة رئيساً لمجلس شورى التنظيم [28].

وعلى الرغم من أن أبا الحسن الهاشمي القرشـي تـولى زعامـة تنظيم "داعـش" في أعقاب تلقيه ضـربتين موجعتين، وهما: مقتل المئات من أعضائه في عملية سـجن الصناعة بحي غويران، ومقتل زعيمه أبي إبراهيم الهاشمي القرشي، إلا أنه من غير المرجح أن يؤثر ذلك كثيراً في أنشطة التنظيم، ولا سـيما أن هناك بعض العوامل والمستجدات التي تصب في مصلحته على نحو ما سيأتي ذكره. ومن المتوقع أن يمثل الزعيم الجديد للتنظيم استمرارية

---

27. لمزيـد مـن التفاصـيل، انظـر: زعيـم "داعـش" الجديـد شـقيق البغـدادي، جريـدة الشـرق الأوسـط اللندنيـة، 2022/3/12. مُتاح على الرابط الآتي:

https://aawsat.com/home/article/3525921; Jeff Seldin, "Islamic State Names New Leader, Shares Only His Nom-de-Guerre," *VOA*, March 10, 2022. https://www.voanews.com/a/islamic-state-confirms-death-of-leader-names-replacement/6479402.html; New ISIS Leader Is Brother of Abu Bakr al-Baghdadi: Report, *NDTV*, https://www.ndtv.com/world-news/baghdad-2817801

28. لمزيد من التفاصيل، انظر: أبو الحسن الهاشمي.. من هو زعيم داعش الجديد؟، العين الإخبارية، 2022/3/10. مُتاح على الرابط الآتي: https://al-ain.com/article/isis-new-leader-education-head

لدور زعيمه السابق، من حيث رمزية زعامة التنظيم، والتي تجسد معاني وحدته وتماسكه، مع مواصلة الالتزام بنهج اللامركزية على مستوى فروع التنظيم وخلاياه، من حيث التمويل والتسليح والتدريب وتنفيذ العمليات الإرهابية. وقد أثبت هذا النهج فاعلية في إحياء دور "داعش" في مرحلة ما بعد البغدادي. وفي هذا السياق، نشرت مواقع التواصل الاجتماعي ذات الصلة بالتنظيم معلومات تشير إلى مبايعة أبي الحسن الهاشمي القرشي من مقاتلي التنظيم في العراق وبلدان أخرى [29].

وبخصوص محل إقامة الزعيم الجديد للتنظيم، فإنه من غير المتوقع أن يستقر في محافظة إدلب على نحو ما فعل الزعيمان السابقان، أبو بكر البغدادي وأبو إبراهيم الهاشمي القرشي. ففي أعقاب مقتل القرشي أصبحت محافظة إدلب في دائرة الضوء، ولا سيما أنها باتت تضم الكثير من القيادات والعناصر الجهادية. وقد أشارت بعض المصادر إلى أن أبا الحسن الهاشمي القرشي انتقل مؤخراً إلى العراق عبر الحدود مع سوريا. ومهما يكن من أمر، فالأرجح أن تنظيم "داعش" سوف يستفيد من دلالات ودروس مقتل زعيميه السابقين في إدلب عند وضع خطط تأمين قياداته، وبخاصة زعيمه الجديد.

وخلاصة القول: إن مقتل القرشي يمثل ضربة قوية لتنظيم "داعش"، وبخاصة فيما يتعلق بمسألة الانكشاف الأمني للتنظيم. ولكن على الرغم من ذلك، فإن تأثير غياب القرشي عن التنظيم سوف يكون مؤقتاً ومحدوداً في أفضل الأحوال، وذلك لأسباب عديدة، من أبرزها: قدرة التنظيم على التكيف مع المستجدات، إذ أعلن عن اختيار زعيم جديد للتنظيم قبل مُضي 40 يوماً على مقتل القرشي، وقوته البشرية المتمثلة في مقاتليه النشطاء وخلاياه النائمة، وتحوله إلى اللامركزية على مستوى التمويل والتسليح والتخطيط للأنشطة الإرهابية وتنفيذها، وتبنيه لأساليب حرب العصابات. وفي ظل هذه التحولات،

---

29. لمزيد من التفاصيل، انظر:

Jeff Seldin, "Islamic State Fighters in Iraq, Africa Line Up Behind New Leader," *VOA*, March 11, 2022.
https://www.voanews.com/a/islamic-state-fighters-in-iraq-africa-line-up-behind-new-leader-6481266.html/

فإن دور القرشـي في إدارة شؤون التنظيم كان محدوداً من الناحية العملية، ولا سـيما أنـه لم يكن يمتلك كاريزما البغدادي، ولم يظهر علناً في أي مناسبة. كما أن العمليـة الكبـيرة التـي حاول من خلالها خلق بصمة خاصة به على مستوى التنظيم، وهي عملية سـجن الصنـاعة بحي غويران، انتهت بنتائج كارثية على التنظيم. ومـن المتوقـع أن يسـير الـزعيم الجديـد للتنظيم على نهج سلفه من حيث التركيز عـلى دوره رمـزاً لوحـدة التنظيم وتماسكه، مـع الالتزام بمبدأ اللامركزية على مستوى فروع التنظيم وخلاياه.

الفصل الخامس

مستقبل تنظيم "داعش" في مرحلة ما بعد القرشي.. المحددات والسيناريوهات

الهدف من هذا الفصل هو استشـراف مستقبل تنظيم "داعش" في كـل مـن سـوريا والعراق في مرحلة ما بعد القرشي. فهناك العديد من العوامل أو المحددات ذات التأثير في مستقبل التنظيم، والتي يتعين النظر إليها في ضوء السـياق التاريخي المقارن للتنظيمات الجهادية الإرهابية في المنطقة. كما أن هناك العديد من السيناريوهات المحتملة لهذا المستقبل خلال الأجلين القصير والمتوسط على الأقل، والتي سنرصدها ونحللها استناداً إلى أداة السـيناريوهات المشـروطة، إذ يرتبط تحقق كل سـيناريو بعدد من الشـروط والمتطلبات.

وبناءً على ما سبق، يغطي هذا الفصل النقاط الآتية:

أولاً: السـياق التاريخي المقارن ودراسة مستقبل التنظيمات الجهادية الإرهابية

ثانياً: أهم المحددات المؤثرة في مستقبل تنظيم "داعش"

ثالثاً: سيناريوهات مستقبل تنظيم "داعش" في سوريا والعراق

وفيما يلي عرض للنقاط السابقة بشيء من التفصيل.

أولاً: السياق التاريخي المقارن ودراسة مستقبل التنظيمات الجهادية الإرهابية

ثمة مسألة مهمة تأخـذها الدراسـة في الاعتبـار عند استشـراف مسـتقبل تنظيم "داعش"، وهي تتمثل في السياق التاريخي المقارن للتنظيمات الجهادية الإرهابية في الشرق الأوسط. فالخبرة التاريخية لهذه التنظيمات تؤكد أن بعض هذه التنظيمات، وبخاصة الكبيرة

على غرار "القاعدة" و"داعش"، قد تضعف أو تتراجع أدوارها في بعض الفترات، إلا أنها لا تندثر أو تموت بسهولة. وتؤكد خبرة التنظيمين صحة هذه المقولة، إذ حافظا على استمراريتهما على الرغم من الضربات الأمنية الموجعة التي تلقاها كل منهما. والمُلاحظ أن تنظيم "داعش" لم يحافظ على بقائه في سوريا والعراق فحسب، بل إنه عزز انتشاره وحضوره خارج البلدين، وأصبح يمثل حالة نموذجية للتنظيمات الجهادية الإرهابية العابرة لحدود الدول.

وفي سياق هذه الخبرة التاريخية، يمكن القول: إن النجاحات التكتيكية في مواجهة التنظيمات الجهادية الإرهابية، لا يعني بحال من الأحوال هزيمة الإرهاب ونهايته، ما لم يُتوصَّل إلى إيجاد حلول حقيقية وجادة للمشكلات والتحديات التي تخلق بيئات ملائمة لانتشار الفكر المتطرف، ولظهور التنظيمات الإرهابية وتمددها. وهذا هو واقع الحال منذ أحداث الحادي عشر من سبتمبر عام 2001. ففي أعقاب هذه الأحداث، أطلقت الولايات المتحدة الأمريكية استراتيجية عالمية لمكافحة الإرهاب، انخرطت فيها عدة دول على المستوى العالمي. وتحققت، في إطار هذه الاستراتيجية، نجاحات تكتيكية أمنية وعسكرية على صعيد مواجهة بعض التنظيمات الجهادية الإرهابية، إلا أن ذلك لم يتزامن مع تنفيذ سياسات جادة لتجفيف المنابع الدينية والثقافية والاقتصادية والاجتماعية والسياسية للتطرف والإرهاب. ولذلك لم يكن مفاجئاً أن تسيطر حركة طالبان على أفغانستان مجدداً بعد نحو (20) عاماً من إقصائها عن السلطة، وأن يحافظ كل من "القاعدة" و"داعش" على استمراريته على الرغم من الضربات الأمنية القوية التي وُجهت إلى التنظيمين[1].

ثانياً: أهم المحددات المؤثرة في مستقبل تنظيم "داعش"

هناك محددات عدة ذات تأثير في مستقبل تنظيم "داعش"، في كل من سوريا والعراق. بعض هذه المحددات يرتبط بالتنظيم ذاته، فيما يرتبط بعضها الآخر بعوامل بنيوية

---

1. لمزيد من التفاصيل، انظر:

Anthony H. Cordesman, "The Real-World Capabilities of ISIS: The Threat Continues," *Commentary*, CSIS, September 9, 2020. https://www.csis.org/analysis/real-world-capabilities-isis-threat-continues

تشكل ملامح البيئات التي يعمل فيها التنظيم، ولا سيما أن بعض العوامل أو الأسباب التي مكنته من الاستمرارية حتى الآن تسلط الضوء على آفاق مستقبله.

وبناءً عليه، تتمثل أهم محددات مستقبل تنظيم "داعش" فيما يلي:

- **قدرات التنظيم في الوقت الراهن**

تتمثل هذه القدرات في: العنصر البشري، ومصادر التمويل والتسليح، وعنصر القيادة. وبخصوص العنصر البشري، لا توجد أرقام دقيقة حول عدد مقاتلي تنظيم "داعش" في كل من سوريا والعراق في الوقت الراهن، ولا سيما أن الآلاف من أعضائه كانوا قد هربوا في أثناء المواجهات العسكرية، وانخرطوا في بعض المجتمعات المحلية في البلدين. ولذلك يوجد تفاوت في تقديرات مختلف المصادر بهذا الخصوص. وبحسب تقرير صدر في صيف عام 2019، أشار البنتاجون إلى أن عدد مقاتلي التنظيم في كل من سوريا والعراق يتراوح ما بين (14,000) و(18,000) مقاتل. وطبقاً لتقديرات الأمم المتحدة، يصل عدد مقاتلي التنظيم النشطاء في البلدين إلى أكثر من (10.000) مقاتل. كما يشير بعض المتخصصين إلى وجود حوالي (20.000) من أعضاء التنظيم الذين يشكلون خلايا نائمة له في البلدين[2].

وبغض النظر عن الاختلافات بشأن تقدير عدد مقاتلي تنظيم "داعش" في كل من سوريا والعراق في الوقت الراهن، فالمرجح أن هناك عدة آلاف من المقاتلين النشطاء. وهذا

---

2. لمزيد من التفاصيل، انظر: مصطفى هاشم، "جيش في الانتظار.. تكتيكات لا مركزية لـداعش ومخاوف من العودة"، **الحرة**، 2022/1/30. مُتاح على الرابط الآتي: https://www.alhurra.com/iraq/2022/01/30؛ بلينكن: 10 آلاف مقاتل من "داعش" محتجزون لدى قوات سوريا الديمقراطية، **جريدة الشرق الأوسط اللندنية**، 2021/6/28. مُتاح على الرابط الآتي: https://aawsat.com/home/article/3051656

Edith M. Lederer, "UN: Over 10,000 Islamic State fighters active in Iraq, Syria," *The Washington Post*, August 24, 2020. https://www.washingtonpost.com/world/middle_east/; Mike Giglio and Kathy Gilsinan, "The Inconvenient Truth About ISIS," *The Atlantic*, February 14, 2020. https://www.theatlantic.com/politics/archive/2020/02/kurdish-leader-isis-conflict-iraq-iran/606502/

ما يفسـر تصاعد العمليات الإرهابية التي نفذها التنظيم خلال العـامين الماضـيين. وعلى الرغـم من أن مقتل نحو (374) من أعضاء "داعش" خلال عمليـة سـجن الصناعة بحي غويران يمثل ضـربة للتنظيم، إلا أن ذلـك لا يعنـي نهايتـه أو توقفـه عـن تنفيـذ عمليـات إرهابية، ولا سـيما أن هناك خلايا نائمة في الانتظار[3]. كـما أن عـودة التنظيم إلى اسـتخدام وسائل التواصـل الاجتماعي عـلى نطـاق أوسـع تمكنـه مـن تنسـيق أنشـطته وعملياتـه، واستقطاب أعضاء جدد في صفوفه[4].

وبخصوص مصادر تمويل تنظيم "داعش" في الوقت الراهن، فإن هناك الكثـير مـن الغموض المحيط بهذا الملف. وتشـير بعض التقارير والدراسات إلى امتلاك التنظيم لعـدد من المصادر التي يعتمد عليها في تمويل عملياته وضمان بقائه، منها: الاحتياطات مـن النقـد والذهب التي تُقدر بمئات الملايين مـن الـدولارات، والتي تمكـن التنظيم مـن تهريبهـا والاحتفاظ بها بشـكل أو بـآخر قبـل سـقوط آخـر معاقلـه في كـل مـن سـوريا والعـراق، والاستثمارات التابعة له (تحت واجهات مختلفة) في كل من سوريا والعراق وتركيـا، فضـلاً عن قيامه بفرض إتاوات عـلى السـكان المحليـين، وبخاصـة أصـحاب المصـانع والمزارع والمتاجر، في بعض مناطق سوريا والعراق. ومما يساعده على ذلك أن لديه بيانـات الملايـين من المواطنين العراقيين والسوريين الذين عاشوا تحت سيطرته لسنوات. كـما يبتـز التنظيم سائقي الشـاحنات الذين ينقلون النفط من الحقول في جنوب شـرق سوريا، حيـث يُضـطر هؤلاء السـائقون إلى دفع الإتاوات حتى يضـمنوا المـرور بسـلام. يُضـاف إلى ذلـك شـبكة الأنشطة الإجرامية غير المشـروعة التي ينخرط فيها التنظيم، مثل تهريب السلع، وبخاصـة عبر الحدود السـورية – العراقية، وتجارة المخدرات والاختطاف والسطو المسلح وغيرهـا. وإذا كانت مصادر تمويل التنظيم قد تقلصت إلى حد كبير بعد فقدانه الأراضي التي كـان

---

3. لمزيد من التفاصيل، انظر: مطاردة وقتل عناصره.. عملية داعش في الحسكة تحولت إلى "كارثة" على التنظيم، **الحرة**، 2022/2/8. مُتاح على الرابط الآتي: https://www.alhurra.com/syria/2022/02/08

4. لمزيد من التفاصيل، انظر:

Mark Scott, "Islamic State Evolves 'Emoji' Tactics to Peddle Propaganda Online," **Politico**, February 10, 2022. https://www.politico.eu/article/islamic-state-disinformation-social-media/

يسـيطر عليهـا في كل من سوريا والعراق، والتي جعلته - لفترة من الـزمن - أغنـى تنظيـم جهادي إرهابي على مستوى العالم، إلا أن نفقاته قد تقلصت أيضاً، إذ إنه لم يعـد بحاجـة إلى ميزانيات ضخمة لتمويل الخدمات الاجتماعية لسكان المناطق التي كانت تحـت سـيطرته. كما أن عدد مقاتليه تراجع، مما يعني تقلص حجم الإنفاق[5].

وبخصوص مصادر التسليح، يعتمد مقاتلو "داعش" في الوقت الـراهن بالأسـاس على الأسلحة الخفيفة والعبوات والأحزمة الناسفة في تنفيـذ العمليـات الإرهابيـة. ولكـن التطور الأهم الذي كشفت عنـه أحـداث سـجن الصناعة بحـي غـويران هـو اسـتخدام السـيارات المفخخة في تنفيذ عملية اقتحام السجن، مما يدل على أن التنظيم قد طور قدراتـه في هذا المجال. ومهما يكن من أمر، فإنه في ظل استمرار الفراغات الأمنية ووجـود البيئـات الأمنية الهشة سواء داخل كل من سوريا والعراق أو في المناطق الحدودية بينهما، فإن التنظيم سوف يظل قادراً على تأمين الحصول على أسلحة خفيفة ومتفجرات. ومما يساعد على ذلك أن مناطق الحروب والصـراعات عادة ما تشهد رواجاً لعمليات تهريب الأسلحة والاتجار فيها بشكل غير مشـروع، وبخاصة عندما لا تكون هناك سلطة قوية قادرة على منع هـذه

---

5. لمزيد من التفاصيل حول مصادر تمويل "داعش"، انظر: بسمة فايد، "مكافحة الإرهاب.. عودة داعش في العراق.. الأسباب وحجم المخاطر،" **دراسات**، المركز الأوربي لدراسات مكافحة الإرهاب والاستخبارات، 18 مايو 2020. مُتاح على الرابط الآتي: https://www.europarabct.com؛ مصطفى هاشم، "إتاوات في العراق وسوريا... كيف ازدهر داعش مالياً؟،" **الحرة**، 2022/1/31. متاح على الرابط الآتي: https://www.alhurra.com/iraq/2022/01/31؛ وحدة الدراسات والتقارير، "ملف تنظيم داعش في سوريا والعراق. القدرات والتسلح والتخطيط،" **دراسات**، المركـز الأوربـي لدراسـات مكافحـة الإرهـاب والاسـتخبارات، 2022/2/13. مُتـاح علـى الـرابط الآتـي: https://www.europarabct.com

Ondrej Filipec, *The Islamic State: From Terrorism to Totalitarian Insurgency* (London: Routledge India, 2020), Chapter 7; Patrick B. Johnston, Mona Alami, Colin P. Clarke, Howard J. Shatz, *Return and Expand? The Finances and Prospects of the Islamic State After the Caliphate* (Santa Monica, Calif.: RAND Corporation, 2019), pp. 56 -61; Husham Al-Hashimi, "ISIS on the Iraqi-Syrian Border: Thriving Smuggling Networks," *Terrain Assessment*, Center for Global Policy, June 16, 2020. https://cgpolicy.org/category/terrain-assessment/; Katherine Bauer, Matthew Levitt, and Aaron Y. Zelin, "After Baghdadi: How the Islamic State Rebounds," *Policy Watch 3207*, The Washington Institute, October 28, 2019. https://www.washingtoninstitute.org/policy-analysis/view/after-baghdadi-how-the-islamic-state-rebounds; Jared Malsin and Benoit Faucon, "Islamic State Plotted Comeback Long Before Syria Prison Attack," *The Wall Street Journal*, January 28, 2022. https://www.wsj.com/articles/islamic-state-plotted-comeback-long-before-syria-prison-attack-11643381486

التجارة وغيرها من الأنشطة الاقتصادية غير المشروعة التي تشكل ما يُسمى بـ "اقتصاد الحرب". وعلى سبيل المثال، تشير بعض التقارير إلى ازدهار تجارة الأسلحة في ريف دير الزور بشرق سوريا، مما يسهل على خلايا "داعش" تأمين حاجتها من الأسلحة[6].

وبالنسبة إلى عنصر القيادة، فالمرجح أن مقتل القرشي لن يؤثر كثيراً في العمليات والأنشطة التي يقوم بها التنظيم على نحو ما سبق ذكره. وبصفة عامة، فإن ترسيخ اللامركزية على مستوى التنظيم، والانخراط في تنفيذ العمليات الإرهابية داخل كل من سوريا والعراق من خلال مجموعات وخلايا صغيرة، تتصرف في ضوء الظروف والمعطيات المحيطة بها، ولا تنتظر أوامر أو توجيهات من زعيم التنظيم، إنما يقلص من دوره بهذا الشأن. وينطبق الأمر نفسه على الفروع الخارجية للتنظيم (الولايات). وفي ضوء ذلك، فالأرجح أن دور الزعيم الجديد للتنظيم، أبي الحسن الهاشمي القرشي، سوف يكون في الأغلب الأعم رمزياً على غرار دور سلفه، أبي إبراهيم الهاشمي القرشي، ذلك أن النشاط الميداني للتنظيم أصبح محكوماً بأسس اللامركزية، وموجهات حرب العصابات[7].

- **مآلات الأوضاع في سوريا والعراق: أزمات ممتدة وآفاق غائمة**

يتوقف مستقبل تنظيم "داعش" في كل من سوريا والعراق في جانب مهم منه على مآلات الأوضاع الأمنية والسياسية والاقتصادية والاجتماعية في البلدين، إذ تعانيان من تداعيات هشاشة الدولة، والانفلات الأمني في ظل وجود بيئات أمنية هشة، والأزمات السياسية الممتدة. كما تعانيان من تفاقم الأوضاع الاقتصادية والاجتماعية، واستمرار مشكلات النازحين والمهجرين، وما يرتبط بها من كوارث إنسانية، فضلاً عن استمرار التدخلات الخارجية الكاسحة في شؤونهما الداخلية على نحو ما سبق ذكره.

---

6. لمزيد من التفاصيل، انظر: ريهام منصور، "ريف دير الزور: السلاح لمن يريد... ولكل الميزانيات،" **جريدة المدن الالكترونية**، 2020/3/6. مُتاح على الرابط الآتي: https://www.almodon.com/arabworld/2020/3/6

7. لمزيد من التفاصيل، انظر: ضياء عودة، "داعش بعد مقتل القرشي... "دعاية فاسدة" واسم خليفته "رمزي"،" **الحرة**، 2022/2/10. مُتاح على الرابط الآتي: "https://www.alhurra.com/iraq/2022/02/10/

ويمثل استمرار هذه الأوضاع وصفة مثالية لتمكين تنظيم "داعش" وغيره من التنظيمات الجهادية الإرهابية وعصابات الجريمة المنظمة من الاستمرار والتمدد. فـ "داعش" ينتعش في ظل انعدام الأمن، وكثرة الصراعات، ووجود مناطق واسعة خارج سيطرة الدولة. ولا توجد مؤشرات عملية صلبة ترجح احتمال قدرة كل من سوريا والعراق على تجاوز هذه الأزمات خلال المستقبل المنظور على الأقل، ولا سيما أن عمق الانقسامات الداخلية، وكثرة التدخلات الخارجية تجعل الأمور أكثر تعقيداً. ففي سوريا، هناك ثلاث دويلات كأمر واقع، وحالة من الجمود السياسي دخلت عامها الثالث، فضلاً عن استمرار حالة التدهور الأمني، وما يترتب عليها من تداعيات اقتصادية واجتماعية[8]. وفي العراق، لم يتم حتى الآن (مايو 2022) تشكيل حكومة عراقية جديدة، على الرغم من إجراء الانتخابات التشريعية في أكتوبر 2021، وذلك بسبب كثرة الانقسامات والخلافات بين القوى السياسية المعنية بتشكيل الحكومة. ويُعد هذا الوضع مؤشراً على عمق الأزمات التي يعاني منها العراق.

وبالإضافة إلى ذلك، فقد تحول العراق بسبب تردي أوضاعه الداخلية إلى ساحة لتوصيل الرسائل وتصفية الحسابات بين إيران وكل من الولايات المتحدة الأمريكية وإسرائيل. فعلى سبيل المثال، أعلن الحرس الثوري الإيراني في 13 مارس 2022، مسؤوليته عن تنفيذ هجوم بصواريخ باليستية (12 صاروخاً)، استهدف أربيل عاصمة إقليم كردستان والقنصلية الأمريكية فيها. وأفاد الحرس الثوري في بيان نشره على موقعه الإلكتروني بأن الهجوم استهدف مركزاً استراتيجياً إسرائيلياً في شمال العراق، حيث يقوم المركز بالتآمر على الجمهورية الإسلامية الإيرانية. وبحسب البيان فقد تعهد الحرس الثوري الإيراني بـ "ردود فعل قاسية وحاسمة ومدمرة" إذا كررت إسرائيل "أي أعمال شريرة". وقد نفى محافظ أربيل وجود أي مؤسسات أو قواعد سرية تابعة لأي دولة في

---

8. لمزيد من التفاصيل، انظر: فراس كرم، "دويلات» سوريا الثلاث... خطوط ثابتة ومعاناة متفاقمة،" **جريدة الشرق الأوسط اللندنية**، 2022/3/6، مُتاح على الرابط الآتي:
https://aawsat.com/home/article/3513836

إقليم كردستان. وعموماً، فقد جاء هذا الهجوم الصاروخي رداً على مقتل عنصـرين مـن أعضاء الحرس الثوري الإيراني خلال هجمات نفذتها إسرائيل في سوريا في وقت سـابق. ومن المعروف أن إسرائيل دأبت بتفاهمات مع روسيا على استهداف مواقع تابعة لإيـران و"حزب الله" اللبناني في العمق السوري. كما اعتادت إيران أن ترد على أمريكا وإسرائيل في العراق، سواء بشكل مباشـر أو من خلال وكلائها، وهو الأمر الذي يُعَقِّدُ الأوضاع على الساحة العراقية، حيث يجعلها رهينة للصـراعات والتجاذبات بين بعض القوى الإقليميـة والدولية[9].

وقد أكد الهجوم الصاروخي الإيراني على أربيل على حقيقتين. **أولاهما،** قدرة إيـران عـلى ممارسة الردود العسكرية المحسوبة، التي تحفظ مـاء الوجـه دون أن تفضـي إلى تبعـات أو تداعيات غير مرغوبة من جانبها. فإسـرائيل دأبت منذ فترة على استهداف مصالح إيرانية، سواء في سوريا أو داخل إيران نفسها. وبدلاً من أن ترد إيـران باستهداف مصالح داخـل إسـرائيل، اختارت الرد في العراق بقصف ما أسمته مركزاً استراتيجياً إسـرائيلياً في أربيـل. وهي في مسلكها هذا واثقة من أن الحكومة العراقية لن ترد بشكل قوي ومؤثر عـلى انتهـاك طهران لسـيادة العراق وسلامة أراضيه. **وثانيتهما،** مدى التطـور الـذي بلغتـه الصـواريخ الباليستية الإيرانية، وذلك من حيث القدرة عـلى إصـابة أهـداف مقربـة مـن مرافـق ومنشآت أمريكية دون التسبب في نتائج قد تفضي إلى ردود أفعال أمريكيـة قويـة، فضـلاً عن وصول هذه الصواريخ إلى أهدافها دون أن يتم تدميرها من الدفاعات الأمريكية. كـما ينطـوي الهجـوم عـلى رسـائل ضـمنية، بعضها موجه إلى الولايـات المتحـدة الأمريكيـة وقواعدها العسكرية في المنطقة، وذلك في وقت تتواصل فيه المفاوضـات لإحيـاء الاتفـاق النووي الإيراني، وبعضها الآخر موجه إلى الداخل العراقي في وقت مـا تـزال فيـه عمليـة

---

9. لمزيد من التفاصيل، انظر: إيران تهدد إسرائيل بـ "دفع ثمن" قتلها اثنين من «الحرس» في سوريا، **جريدة الشـرق الأوسط اللندنية**، 2022/3/10. مُتاح على الرابط الآتي:

https://aawsat.com/home/article/3521991

الحرس الثوري الإيراني يتبنى استهداف أربيل بصواريخ بالستية، **الحرة**، 2022/3/13. مُتاح على الرابط الآتي:
https://www.alhurra.com/iraq/2022/03/13

تشكيل حكومة عراقية جديدة تواجه مخاضاً عسيراً، وترغب إيران في تعزيز مواقف القوى والتنظيمات العراقية الموالية لها، وتمكينها من الحصول على تمثيل مناسب في الحكومة، بغض النظر عن نتائج الانتخابات. وعلى الرغم من أن الولايات المتحدة الأمريكية وصفت الهجوم بأنه انتهاك لسيادة العراق، إلا أنه كان من اللافت أن يؤكد مستشار الأمن القومي الأمريكي، جاك سوليفان، على أنه لا مؤشرات تدل على أن الهجوم كان موجهاً ضد الولايات المتحدة الأمريكية، وأنه لم يُصَبْ أي مواطن أمريكي بأذى، ولم تُصب أي منشآت أمريكية. ويكشف مثل هذا النوع من الخطاب عن حرص أمريكا على تجنب أي صدام مع إيران، في وقت تسعى فيه الأولى جاهدة من أجل إحياء الاتفاق النووي الإيراني، بما يسمح لإيران بإعادة تصدير النفط، وتخفيف اضطرابات أسواق الطاقة العالمية التي تصاعدت بسبب الحرب الأوكرانية[10].

وبصفة عامة، فإن التدخلات الإيرانية الفجة في الشؤون الداخلية للعراق سوف تظل مصدراً للتأزيم السياسي والأمني في البلاد، وهو ما يصب في نهاية المطاف في مصلحة تنظيم "داعش" من ناحية، والتنظيمات المسلحة الموالية لإيران، والتي تشكل تحدياً جوهرياً لهيبة الدولة العراقية وسيادتها من ناحية أخرى. ومن المتوقع تصاعد الدور الإيراني في العراق وسوريا في ظل انشغال كل من روسيا والولايات المتحدة الأمريكية بالحرب الأوكرانية وتوابعها من ناحية، وتزايد احتمالات أن تحقق إيران بعض المكاسب من جراء ذلك من ناحية أخرى[11].

---

10. لمزيد من التفاصيل، انظر:

Adam Lammon, "The Real Impact of Iran's Ballistic Missile Strike on Iraq," *The National Interest*, March 14,2022. https://nationalinterest.org/feature/real-impact-iran%E2%80%99s-ballistic-missile-strike-iraq-201193

وانظر كذلك: مصطفى فحص، "زوبعة في فنجان أربيل،" **جريدة الشرق الأوسط اللندنية**، 2022/3/18، مُتاح على الرابط الآتي: https://aawsat.com/home/article/3537831

11. لمزيد من التفاصيل، انظر: خورشيد علي، "مكاسب مُقيَّدة: هل تصبح إيران "الرابح الأكبر" من أزمة أوكرانيا؟،" **التحليلات - التغيرات السياسية**، مركز المستقبل للأبحاث والدراسات المتقدمة، 2022/3/3. مُتاح على الرابط الآتي: https://futureuae.com/ar/Mainpage/Item/7130

• سجناء "داعش" في سوريا: قنبلة موقوتة

يشكل سجناء "داعش" قنبلة موقوتة، إذ يوجد الآلاف منهم في سجون عدة، تقوم على حراستها "قوات سوريا الديمقراطية" في شمال شرق سوريا. وعلى الرغم من عدم وجود إحصاءات دقيقة بشأن عدد مقاتلي "داعش" داخل هذه السجون، فإن مصادر عدة تشير إلى أنها تضم قرابة (12) ألفاً من عناصر التنظيم، معظمهم من السوريين والعراقيين، فيما ينتمي الباقون إلى أكثر من (50) دولة، من بينها دول غربية مثل ألمانيا وفرنسا وهولندا وبريطانيا وغيرها. وترفض معظم هذه الدول استقبال المسجونين من مواطنيها، بل إن هناك دولاً أسقطت الجنسية عنهم حتى تغلق هذا الملف نهائياً. وقد طُرحت فكرة تشكيل محكمة دولية لمحاكمة هؤلاء السجناء، إلا أن هذا المُقترح لم يجد طريقه إلى التنفيذ[12].

وتشكل السجون التي تضم مقاتلي "داعش" معضلة بالنسبة إلى "قوات سوريا الديمقراطية"، سواء من حيث قدرتها على تأمين ومراقبة هذه السجون، أو توفير سبل الإعاشة والعلاج للمحتجزين فيها. ومبعث الخطورة هنا هو أن بعض مقاتلي "داعش" قد يتمكنون من الفرار من هذه السجون، وبخاصة في ظل تعقيدات الأوضاع الأمنية والسياسية في المنطقة، وضعف احتمالات التوصل إلى تسوية سياسية شاملة للأزمة السورية خلال المستقبل المنظور. وقد حدث بالفعل أن هرب المئات من هؤلاء السجناء من بعض هذه السجون في فترات سابقة، وبخاصة في أعقاب بدء عملية انسحاب القوات الأمريكية من المنطقة، والغزو التركي لشمال سوريا في أكتوبر عام 2019، وذلك بهدف إنشاء منطقة آمنة على الحدود داخل الأراضي التي تسيطر عليها "قوات سوريا الديمقراطية". وقد جاءت أحداث سجن الصناعة بحي غويران التي حصلت في يناير 2022، لتؤكد حجم الخطر الذي يمثله سجناء "داعش"، ولا سيما أنه لا توجد في الأفق

---

12. لمزيد من التفاصيل، انظر: مصطفى هاشم، "جيش في الانتظار.. تكتيكات لا مركزية لـداعش ومخاوف من العودة"، **الحرة**، 2022/1/30، مُتاح على الرابط الآتي: https://www.alhurra.com/iraq/2022/01/30

حلول عملية لهذه المشكلة. والأخطر من ذلك أن هـذه السـجون تضـم آلافاً مـن أطفال "داعش" الذين تتراوح أعمارهم ما بين (10) و(18) عاماً، ويشكل هؤلاء نواة صلبة لجيل جديد من الإرهابيين، حيث يتم نقل الخبرات الإرهابية إليهم، وتلقينهم الفكر التكفيري للتنظيم من جانب السجناء الأكبر سناً[13]. وما يضاعف من خطورة الأمر أن هناك آلافاً من أقرانهم يعيشون في مخيمات في شمال شرق سوريا، أبرزها مخيم الهول الـذي سنشـير إليـه لاحقاً.

وعلى خلفية أحداث سجن الصناعة بحي غويران، فإن هناك الكثير مـن الهواجس المثارة في الوقت الراهن بشأن حدود قدرة "قوات سوريا الديمقراطية" عـلى الاستمرار في تأمين هذه السجون بالفاعلية المطلوبة، ولا سـيما أنها احتاجـت إلى دعـم كبير مـن جانب قوات التحالف الدولي لمحاربة تنظيم "داعش" بقيادة الولايـات المتحـدة الأمريكيـة حتى تتمكن من إنهاء تمرد "داعش" واستعادة السيطرة على سجن الصناعة. ومـن هنـا، فـإن سجناء "داعش" يمثلون قنبلة موقوتة قد تنفجر في أي لحظة في حال عدم إيجاد حل جذري لهذه المشكلة. وما حدث في سجن الصناعة يمكن أن يتكـرر في سـجون أخـرى، سـواء في سوريا أو العراق، ذلك أن هدم الأسوار هو إحـدى الاستراتيجيـات الثابتـة التـي يتبناهـا تنظيم "داعش"[14]. ولا شك في أن هروب أعداد مـن هـؤلاء السـجناء المـدربين عسكرياً وتنظيمياً وأيديولوجياً سوف يعزز القدرات البشـرية للتنظيم.

---

13. لمزيد من التفاصيل، انظر:

Ben Hubbard, "The ISIS Hostages: These Children Should Not Have Been There," *The New York Times*, January 26, 2022. https://www.nytimes.com/2022/01/26/world/middleeast/syria-prison-hostage-boys-isis.html

14. لمزيـد مـن التفاصيـل، انظـر: عمـر فـاروق، "الـدّواعش وعقيـدة اقتحـام السّـجون," **جريـدة النهـار اللبنانيـة**، 2022/1/31. مُتاح على الرابط الآتي:

https://www.annahar.com/arabic/section/140-%D8%B1%D8%A3%D9%8A/31012022094429770

بعد هجوم "غويران".. 9 سجون في مرمى داعش بسوريا، **سكاى نيوز عربية**، 2022/1/23. مُتاح على الرابط الآتي:

https://www.skynewsarabia.com/middle-east/1495744-

● **أشبال الخلافة: جيل جديد من الإرهابيين**

اهتم تنظيم "داعش" خلال فترة صعوده، بين عامي 2014 و2017، بتنشئة الأطفال في مناطق سيطرته على الفكر التكفيري الذي يتبناه. وقد أطلق على هؤلاء الأطفال اسم "أشبال الخلافة". وفي أعقاب هزيمة التنظيم في سوريا في مارس 2019، تم احتجاز الآلاف من هؤلاء الأطفال مع أمهاتهم، في عدد من المخيمات في المناطق الواقعة تحت سيطرة "قوات سوريا الديمقراطية"، أشهرها مخيم "الهول" الواقع في ريف محافظة الحسكة السورية. ويضم المخيم عشرات الآلاف من النازحين واللاجئين، من بينهم أكثر من (12) ألفاً من نساء "داعش" وأطفالهن (يمثل الأطفال أكثر من 60%). ويعاني المخيم من تردي مستوى الخدمات، وانتشار التوترات وأعمال العنف، وغياب برامج التأهيل، ولا سيما في ظل محدودية الدعم الدولي. وقد أصبحت الأوضاع في المخيم أكثر سوءاً في أعقاب الغزو التركي لشمال سوريا في أكتوبر 2019، إذ تزايدت الضغوط على قوات سوريا الديمقراطية، وأصبحت قدرتها على الاستمرار في حراسة المخيم تُجابه بمزيد من التحديات. وفي ظل هذه الأوضاع المعقدة، بات مخيم الهول يمثل بيئة حاضنة للفكر التكفيري لـتنظيم "داعش"، فالحياة داخله تشبه إلى حد كبير الحياة في دولة الخلافة التي سبق أن أسسها التنظيم على أراض سورية وعراقية بين عامي 2014 و2017[15]. ومبعث الخطورة هنا أن معظم أطفال "داعش" في المخيم لا يحملون أوراقاً ثبوتية. كما قام التنظيم في فترات سابقة بغسل أدمغتهم من خلال تغيير مناهج التعليم في المناطق التي بقيت تحت سيطرته طيلة سنوات، بما يتفق مع توجهه الفكري، فضلاً عن قيامه بتلقينهم الفكر التكفيري من خلال العديد من وسائل التنشئة الأخرى. كما أن أمهات هؤلاء الأطفال يحملن الفكر نفسه، ويقمن بتلقينه لهم. ونظراً لأن العديد من هؤلاء الأمهات والأطفال

---

15. لمزيد من التفاصيل، انظر:

Shoresh Khani, "Al-Hawl Camp and the Potential Resurgence of ISIS," *FIKRA FORUM, The Washington Institute*, June 29, 2020. https://www.washingtoninstitute.org/fikraforum/view/Al-Hawl-Camp-ISIS-Resurgence-Extremism-Syria-Iraq; Christian Vianna de Azevedo, "ISIS Resurgence in Al Hawl Camp and Human Smuggling Enterprises in Syria: Crime and Terror Convergence?" *Perspectives on Terrorism*, Vol. 14, No. 4 (August 2020), pp. 43-63.

ينتمون إلى عشـرات من الدول، فإن جل هذه الدول ترفض استقبالهم، مما يضاعف العبء على عاتق قوات سوريا الديمقراطية[16].

وبناءً على ما سبق، فإن أطفال "داعش" سـيشكلون جيـلاً جديـداً مـن الإرهـابيين، ولا سـيـما أنه بعد سنوات قليلة سـيدخل الكثير منهم مرحلة الشباب، ومن ثم سـيرفدون التنظيم بطاقات بشـرية شابة مشبعة بأيديولوجيته التكفيرية. ومن هنا تأتي أهمية إيجاد حـل جذري لمشكلة مخيم الهـول وغـيره مـن المخيـمات التـي تضـم الآلاف مـن نسـاء وأطفـال "داعش"، بحيث يتم إعادة تأهيل هؤلاء الأطفال اجتماعياً ونفسياً وفكرياً، مع إدماجهم في مجتمعاتهم من جديد. لكن التحدي الحقيقي هنا هو أنه لا يبدو أنّ هناك حلولاً تلـوح في الأفق لهذه المشكلة. فعلى الرغم من الـدعوات المتكـررة التـي وجهتهـا الولايـات المتحدة الأمريكية وغيرها من الدول والمنظمات الدولية للدول المعنية في التحالف الـدولي لمحاربـة تنظيم "داعش" بشأن استقبال مواطنيها من سجناء ونسـاء وأطفـال "داعـش" والتعامـل معهم حسب قوانينها الوطنية، إلا أن معظم هذه الدول لا تتجاوب مع هذه الدعوات، بـل إن هناك دولاً أسقطت الجنسـية عنهم على نحو مـا سـبق ذكـره، ممـا يعني استمرار هـذه المشكلة بكل ما يترتب عليها من تداعيات مستقبلية[17].

---

16. لمزيد من التفاصيل حول ملف أطفال "داعش"، انظر: مخيم الهول يغلي.. داعشـيات يضرمن النار وطريق الهروب موصـد، العربيـة، 2020/5/15. مُتـاح علـى الـرابط الآتـي: -https://www.alarabiya.net/ar/arab-and world/syria/2020/05/15/؛ إكرام زيـادة، "داعـش يُعيـد تنظيمـه مـن جديـد داخل مخيمـات شمال سـوريا،" دراسـات، المركـز الأوربي لـدراسـات مكافحـة الإرهـاب والاسـتخبارات، 2022/2/16. مُتـاح علـى الـرابط الآتـي: https://www.europarabct.com/

Himbervan Kose, "Al-Hawl Camp: A Potential Incubator of the Next Generation of Extremism," *FIKRA FORUM, The Washington Institute*, September 13, 2019. https://www.washingtoninstitute. org/fikraforum/view/al-hawl-camp-a-potential-incubator-of-the-next-generation-of-extremism; John G. Horgan , Max Taylor, Mia Bloom & Charlie Winter, "From Cubs to Lions: A Six Stage Model of Child Socialization into the Islamic State," *Studies in Conflict and Terrorism*, Vol. 40, Issue 7 (2017), pp. 645 - 664; John Saleh, "The Women of ISIS and the Al-Hol Camp," *Fikra Forum*, The Washington Institute for Near east Policy, August 2, 202. https://www.Washingtoninstitute.org/ policy-analysis/women-isis-and-al-hol-camp

17. لمزيد من التفاصيل، انظر:

Alice Speri, "It's not Sustainable: ISIS Prison Battle Shows Dangers of Indefinite Detention," *The Intercept*, February 14, 2022. https://theintercept.com/2022/02/14/syria-isis-prisoners-repatriation/;

ولا تقف المشكلة عند حدود مستقبل أطفال ونساء "داعش" في مخيم الهول وغيره، بل تنصـرف إلى أمرين آخرين خَطِرَيْن:

أولهما، تدهور الأوضاع الأمنية داخل مخيم الهول الذي يضـم حـوالي (60) ألفـاً مـن النازحين واللاجئين، معظمهم سوريون وعراقيون، فضلاً عـن نسـاء وأطفـال "داعـش" الذين ينتمون إلى أكثر من (50) دولة. ويتجلى التدهور الأمني داخل المخيم في زيادة جرائم العنف والقتل. "وبحسب إحصاءات إدارة المخيم وقوى الأمن "الأسايش"، شهد المخيم خلال عام 2021 مقتل (128) شخصاً، معظمهم كانوا لاجئين عراقيين ونازحين سـوريين، قُتلوا بأسلحة وأدوات حادة، أو فُصلت رؤوسهم عن أجسـادهم، أو خنقـاً حتـى المـوت، بينهم (3) أطفال و(19) امرأة. كما وقعت (41) محاولـة قتـل أدت إلى إصابة المستهدفين، كذلك وقعت (13) حالة حرق عمداً. واتهمت قوى الأمن خلايا موالية لتنظيم "داعش" بالوقوف وراء هذه الهجمات"[18]. وقد وصل الأمر إلى حد حـدوث محـاولات تمـرد داخـل المخيم من نساء "داعش". ففي أعقاب أحداث سجن الصناعة بحي غـويران، حاولـت مجموعة منهن اختطاف عناصـر من قوات سوريا الديمقراطية "قسـد"، العاملين في إدارة المخيم وحراسته، وذلك من أجل الضغط على القوات وفرض بعض المطالـب. وأشـارت

Elian Peltier and Constant Méheut, "Europe's Dilemma: Take in ISIS Families, or Leave Them in Syria?" *The New York Times*, May 28, 2021. https://www.nytimes.com/2021/05/28/world/europe/ isis-women-children-repatriation.html;Marisa López González, "EU's Member States dilemma to the ISIS Women and Minors remaining in Syrian camps," *Opinion Paper*, ieee.es, 20/9/2021. https:// www.ieee.es/Galerias/fichero/docs_opinion/2021/DIEEEO101_2021_MARLOP_Dilema_ENG.pdf

18. لمزيد من التفاصيل، انظر: كمال شـيخو، "عين (قسد) على مخيم الهول بعد إنهاء تمرد الحسكة، جريدة الشـرق الأوسط اللندنية، 2022/2/6. مُتاح على الرابط الآتي:

https://aawsat.com/home/article/3457956

وانظر كذلك:

Bel Trew, "Inside the 'Deadliest Place on Earth': Murders Surge in Syrian Refugee Camp Stalked by Isis," *Independent*, November 11, 2021. https://www.independent.co.uk/news/world/middle-east/isis-syria-al-hol-murder-refugee-camp-idp-b1955929.html

بعض المصادر إلى حدوث اشتباكات مسلحة بين الجانبين، وهو ما يكشف عن جانب من الخطر الذي يمثله هذا المخيم وغيره[19].

وثانيهما، مستقبل مئات الآلاف من النازحين الذين يعيشون في مخيم الهول وغيره من المخيمات، ومعظم هؤلاء من أبناء المدن والقرى التي دمرتها الحروب في كل من سوريا العراق. ونظراً لتردي الأوضاع الاجتماعية والمعيشية والأمنية في هذه المخيمات، فإن الشعور بالحرمان والتهميش لدى المقيمين فيها يتزايد، مما يجعلها بيئات حاضنة للتطرف والإرهاب، خاصة إذا استمرت هذه الأوضاع لفترة طويلة من الزمن دون طرح حلول جادة لها. ولا شك في أن ذلك يمثل فرصة لتنظيم "داعش" من أجل استقطاب وتجنيد مزيد من الأعضاء الجدد في صفوفه[20].

- **فاعلية جهود محاربة تنظيم "داعش" في سوريا والعراق**

من المعروف أن هزيمة "داعش" عسكرياً في كل من سوريا والعراق استغرقت أكثر من أربع سنوات من المواجهات المسلحة، والتي شاركت فيها إلى جانب الجيش وقوات الأمن في كل من البلدين أطراف إقليمية ودولية عديدة، مثل روسيا وإيران وأكبر تحالف دولي عسكري في العصر الحديث، وهو التحالف الدولي لمحاربة تنظيم "داعش" بقيادة الولايات المتحدة الأمريكية. وعلى الرغم من إعلان الهزيمة العسكرية للتنظيم في العراق (ديسمبر 2017) وسوريا (مارس 2019)، إلا أن ذلك لم يكن يعني نهايته.

وفي ضوء ما سبق، فإن مستقبل تنظيم "داعش" في البلدين يتوقف في جانب منه على مدى فاعلية واستمرارية جهود محاربته والتصدي له، سواء لجهة تصفية أو اعتقال قيادته

---

19. لمزيد من التفاصيل، انظر: عبدالله رجا، "تمرد نسائي (داعشي) بمخيم الهول شمال سوريا،" جريدة البيان الإماراتية، 8/2/2022. مُتاح على الرابط الآتي: -08-02-2022 https://www.albayan.ae/world/arab/ 1.4365215؛ إكرام زيادة، "داعش يُعيد تنظيمه من جديد داخل مخيمات شمال سوريا،" المركز الأوربي لدراسات مكافحة الإرهاب والاستخبارات، 16/2/2022. متاح على الرابط الآتي: /https://www.europarabct.com

20. لمزيد من التفاصيل، انظر: حازم الأمين، "مخيم الهول... الاستحقاق الأهلي المؤجل"، الحرة، 27/5/2021. مُتاح على الرابط الآتي: https://arbne.ws/38auw7A

ومقاتليه، أو تجفيف مصادر تمويله، أو دحض فكره التكفيري، أو منعه أو على الأقل الحد من قدرته على استخدام وسائل التواصل الاجتماعي، فضلاً عن معالجة المشكلات الاقتصادية والاجتماعية والسياسية والأمنية التي تسمح له بالتمدد واستقطاب أعضاء جدد. وما دامت سياسات مواجهة التنظيم في البَلَدين تعاني من بعض الفجوات وأوجه الخلل، التي نوقشت بشيء من التفصيل في الفصل الثالث، فإن ذلك يصب في نهاية المطاف في مصلحة تنظيم "داعش".

- **تداعيات الحرب الأوكرانية**

لقد بات من المؤكد أن للحرب الأوكرانية انعكاساتها وتداعياتها، القائمة والمحتملة، المباشرة وغير المباشرة، على جميع دول العالم تقريباً، بما في ذلك سوريا والعراق. وفي هذا الإطار، فإن بعض هذه التداعيات سوف يؤثر بشكل أو بآخر في مستقبل تنظيم "داعش" في البلدين، وذلك من أوجه عدة:

أولها، تفاقم حدة المشكلات الاقتصادية والاجتماعية في سوريا والعراق، وذلك بسبب نقص واردات الحبوب، حيث إن روسيا وأوكرانيا من المصدرين الرئيسيين للحبوب على مستوى العالم. كما أن سوريا والعراق من المستوردين الرئيسيين للقمح، بالإضافة إلى اضطراب إمدادات النفط والغاز، إذ تحصل سوريا على بعض احتياجاتها من السلعتين من روسيا. كما أن هناك أضراراً سوف ستلحق بالاستثمارات الروسية في العراق، وبخاصة في قطاع النفط، وذلك بسبب العقوبات الغربية القاسية المفروضة على روسيا. وقد ترتب على كل ذلك حدوث قفزة هائلة في معدلات التضخم، الأمر الذي فاقم من معاناة قطاعات واسعة من السكان في البلدين، فقد زادت أحوالهم سوءاً على ما كانوا يعانونه قبل الحرب[21]. فعلى سبيل المثال، يُلاحظ "أن (90) في المائة من الناس في سوريا هم من الفقراء، ويعاني (12.4) مليون، أي (60) في المائة منهم، من انعدام الأمن

---

21. لمزيد من التفاصيل، انظر: تداعيات الحرب في أوكرانيا على العراق.. 3 قطاعات متضررة، **سكاي نيوز عربية**، 2022/3/3. مُتاح على الرابط الآتي: https://www.skynewsarabia.com/middle-east/1505719

الغذائي. كما شهدت الليرة السورية انخفاضاً حاداً في قيمتها في السنوات الأخيرة، من (46) ليرة إلى (3500) ليرة للدولار الواحد، في وقت ارتفعت فيه أسعار المواد الغذائية الآن (33) مرة عمّا كانت عليه خلال فترة ما قبل الحرب. وهناك ما يقدر بـ (14) مليون شخص في حاجة إلى مساعدات داخل البلاد، وأكثر من خمسة ملايين شخص يفتقرون إلى المياه العذبة"[22].

وثانيها، تراجع اهتمام كل من روسيا والولايات المتحدة الأمريكية بمحاربة تنظيم "داعش" في سوريا. فروسيا أصبحت متورطة في الحرب، ومن ثم فإن جل اهتمامها بات منصباً على كيفية تحقيق أهدافها المعلنة من وراء هذه الحرب، وتطويق تداعياتها على الداخل الروسي، وبخاصة في ظل العقوبات غير المسبوقة التي فرضتها عليها الولايات المتحدة الأمريكية وغيرها من الدول الغربية. كما أصبحت الأولوية بالنسبة إلى الولايات المتحدة الأمريكية هي التعامل مع الحرب الأوكرانية وتداعياتها، وبخاصة في ظل التحدي الكبير الذي باتت روسيا تمثله لواشنطن وحلفائها. وفي هذا الإطار، فقد حدث "انخفاض ملحوظ لنشاط القوات الروسية في العديد من المناطق السورية؛ فخفّت حدة الضربات الجوية على مناطق الحدود السورية – العراقية حيث توجد بقايا تنظيم الدولة، كما تراجعت معدلات الاستطلاع الجوي في البادية السورية، وقلّت كذلك تحركات الدوريات العسكرية الروسية بالقرب من مناطق الوجود العسكري الأمريكي في مناطق الشمال الشرقي، وفي مناطق النقاط الأمنية الروسية – التركية المشتركة في شمال الحسكة"[23]. كما أن انشغال واشنطن بالحرب الأوكرانية وتداعياتها، القائمة والمحتملة، سواء على الداخل الأمريكي، أو على هيكل النظام الدولي وأنماط تحالفاته، سوف يقلص بشكل أو بآخر من

---

22. لمزيد من التفاصيل، انظر: إبراهيم حميدي، "حرب أوكرانيا وجهة جديدة لـ "مرتزقة" سوريين،" جريدة **الشرق الأوسط** اللندنية، 2022/3/5، مُتاح على الرابط الآتي:

https://aawsat.com/home/article/3511896

23. لمزيد من التفاصيل، انظر: صافيناز محمد أحمد، "الأزمة السورية والحرب في أوكرانيا.. الانعكاسات والمآلات،" **قضايا وتحليلات،** مركز الأهرام للدراسات السياسية والاستراتيجية، 2022/3/9، مُتاح على الرابط الآتي:
https://acpss.ahram.org.eg/News/17426.aspx

اهتمامها بمحاربة الإرهاب في سوريا وغيرها، الأمر الذي قد يؤثر بالسلب في قدرة قوات سوريا الديمقراطية، المدعومة من قبل الولايات المتحدة الأمريكية، على مواجهة تنظيم "داعش" في مناطق سيطرة إدارة الحكم الذاتي في شمال سوريا وشرقها. وهكذا أدخلت الحرب الأوكرانية الولايات المتحدة الأمريكية في مرحلة جديدة بشأن إعادة ترتيب أولوياتها على صعيد السياسة الخارجية. وفي ظل هذه التحولات الكاسحة التي حرّكتها الحرب الأوكرانية سوف يتراجع على الأرجح هدف محاربة الإرهاب في الشرق الأوسط ضمن أولويات الولايات المتحدة الأمريكية[24].

وثالثها، أن تعقيدات الحرب الأوكرانية وتداعياتها ومواقف الأطراف المعنية بالشأن السوري منها، قد تفضي إلى مزيد من تدهور الأوضاع في سوريا. فالتفاهمات الأمريكية – الروسية بشأن الحدود بين مناطق سيطرة النظام وشرق الفرات، والمعمول بها منذ صيف عام 2017 قد تنهار. وفي مرحلة معينة قد تصعد روسيا ضد الوجود العسكري الأمريكي المحدود في شمال شرقي سوريا[25]. كما أن واشنطن وحلفاءها قد يختارون "المسرح السوري لتوجيه اللكمات والرسائل إلى روسيا؛ سواء عبر رفع العقوبات عن مناطق خارجة عن سيطرة النظام، أو عبر تعزيز الوجود العسكري شرق الفرات، ومد خطوطه من قاعدة التنف نحو ريفيْ السويداء ودرعا، أو عرقلة جهود التطبيع التي كانت تقوم بها دول عربية إرضاءً لموسكو و"القيصر" العائد إلى الشرق الأوسط"[26].

---

24. لمزيد من التفاصيل، انظر:

Michael Crowley and Edward Wong , "Ukraine War Ushers In 'New Era' for U.S. Abroad," *The New York Times*, March 12, 2022. https://www.nytimes.com/2022/03/12/us/politics/biden-ukraine-diplomacy.html

25. لمزيد من التفاصيل، انظر: إبراهيم حميدي، "حرب أوكرانيا وجهة جديدة لـ "مرتزقة" سوريين،" جريدة الشرق الأوسط اللندنية، 2022/3/5. مُتاح على الرابط الآتي:

https://aawsat.com/home/article/3511896

26. لمزيد من التفاصيل، انظر: إبراهيم حميدي، "الرهان السوري الإيراني و"العقدة" الروسية،" جريدة الشرق الأوسط اللندنية، 2022/3/16. مُتاح على الرابط الآتي: https://aawsat.com/home/article/3533781

كما أن العلاقات التركية – الروسية قد تشهد توترات على الساحة السورية، وذلك على خلفية قيام أنقرة بإغلاق ممرّيْ البوسفور والدردنيل في وجه السفن العسكرية الروسية. ومن المعروف أن روسيا أدت على مدى السنوات الثلاث الماضية دوراً مهماً في منع النظام السوري من شن حرب شاملة في إدلب، حيث تتمركز قوات تركية وتنظيمات سورية مسلحة معارضة للنظام وموالية لتركيا. وعلى وقع الحرب الأوكرانية وتوابعها قد ينهار الاتفاق الموقع بين موسكو وأنقرة في مارس 2020 بشأن وقف إطلاق النار في إدلب، مما يعني فتح الباب أمام دوران عجلة الحرب مجدداً في سوريا، بكل ما يترتب على ذلك من آثار وتداعيات كارثية[27]. كما أنه من المرجح أن تواصل إيران سياسة الرد في العراق في حال استهداف مواقع ومقار لها في سوريا من قِبَل إسرائيل، حيث لا ينطوي الرد بهذه الطريقة على مخاطر كبيرة من المنظور الإيراني.

وبناءً على ما سبق، يمكن القول: إن للحرب الأوكرانية تداعياتها السلبية، القائمة والمحتملة، على سوريا. وكلما طال أمد هذه الحرب، ازدادت المضاعفات السلبية على سوريا وأصبحت أكثر خطورة، وبخاصة فيما يتعلق بتفاقم الأوضاع الاقتصادية والاجتماعية، وتصاعد حالة الفوضى وانعدام الأمن، بسبب اتخاذ سوريا مسرحاً لتوصيل الرسائل وتصفية الحسابات بين روسيا والولايات المتحدة الأمريكية، فضلاً عن الحسابات المعقدة والمتداخلة لكل من إسرائيل وإيران وتركيا على الساحة السورية، في ظل مستجدات الحرب الأوكرانية وتوابعها. ومن المعروف أن تنظيم "داعش" يجيد استغلال حالة الفوضى وأوضاع الصراعات والانقسامات، ويُجيّرها لخدمة أهدافه ومخططاته.

---

27. لمزيد من التفاصيل، انظر: مستقبل التهدئة في إدلب بعد سنتين على توقيع مذكّرة موسكو، **تحت المجهر**، مركز جسور للدراسات، آذار/ مارس 2022. مُتاح على الرابط الآتي: https://www.jusoor.co/details؛ عبد الوهاب عاصي، "مصير إدلب وفْق الظروف العسكرية والأمنيّة،" **تقرير تحليلي**، مركز جسور للدراسات، آب/أغسطس 2021. مُتاح على الرابط الآتي: https://www.jusoor.co؛ فراس كرم، "ترقب في إدلب لانعكاس الحرب الأوكرانية على التفاهمات الروسية التركية،" جريدة **الشرق الأوسط** اللندنية، 2022/3/3. مُتاح على الرابط الآتي: https://aawsat.com/home/article/3507896/؛ إبراهيم حميدي، "واشنطن تحشد حلفاءها في الملف السوري لـ "أسباب أوكرانية"،" جريدة **الشرق الأوسط** اللندنية، 2022/3/2. مُتاح على الرابط الآتي: https://aawsat.com/home/article/3505516

ثالثاً: سيناريوهات مستقبل تنظيم "داعش" في سوريا والعراق

في ضوء المحـددات ذات التـأثير في مستقبل تنظيم "داعش"، والخـبرة التاريخيـة للتنظيمات الجهادية الإرهابية، يمكن طرح ثلاثة سيناريوهات لمستقبل "داعش" في سوريا والعراق خلال الأجلين القصير والمتوسط على الأقل. **أولها**، اندثار التنظيم. **وثانيها**، قيام التنظيم بمراجعات فكرية وفقهية، وتخليه عن نهج التطرف والعنف. **وثالثها**، استمرار التنظيم مع تأرجح دوره صعوداً وهبوطاً.

السيناريو الأول: اندثار تنظيم "داعش"

تتمثل أهم شـروط تحقيق هذا السـيناريو في مواصلة توجيه المزيد مـن الضـربات الأمنية الموجعة للتنظيم، وتصعيد الإجراءات ذات الصلة بتجفيف مصادر تمويله، ومنعـه من تجنيد أعضاء جدد، وحرمانه من استخدام وسـائل التواصل الاجتماعـي، فضلاً عـن تشديد الإجراءات الأمنية في المناطق التي يتخذها التنظيم ملاذات آمنة له، سواء في البادية السورية أو العراقية أو المناطق الحدودية بين البلدين. ولكن كل هذه الإجراءات لـن تحقق الأهداف المرجوة منها على النحو المطلوب مـا لم تقـترن بتطبيـق سياسات جادة لمعالجة المشكلات السياسـية والاقتصادية والاجتماعية والأمنية التي يعاني منهـا البَلَـدان، والتي تخلق بيئات ملائمة لانتشار التطرف والعنف والإرهاب.

ونظراً لوجود عديد من الصعوبات والعقبات التي تحول دون توفير وإنضاج الكثير من هذه الشـروط فإن هذا السـيناريو مستبعد، ولا سيما أن التنظيم أثبت قدرة عالية عـلى التكيف مع المستجدات، بـما في ذلـك تـدمير قدراتـه العسـكرية الثقيلـة، وتفكيك دولته المزعومة، والتي كانت تعادل مساحة دولة في حجم بريطانيـا، ومقتـل زعيميـه: أبي بكـر البغدادي في أكتوبر 2019، وأبي إبراهيم الهاشمي القرشي في فبراير 2022. وبالإضافة إلى ذلك، فإن العوامل التي ترجح استمرارية التنظيم أقوى بكثير من تلك التي ترجح اندثاره، حتى وإن تعرض لبعض الضربات الأمنية الموجعة[28]. فمثـل هـذه الضـربات تـؤدي إلى

---

28. لمزيـد مـن التفاصيـل، انظـر: د. حسـنين توفيـق إبراهيـم، "في تفسـير اسـتمرارية التنظيمـات الجهاديـة الإرهابيـة: "داعش" نموذجاً،" **ورقة سياسية (11)**، ترينـدز للبحـوث والاسـتشارات، أكتوبـر 2021.

إضعافه وتراجع دوره، لكنها لا تعالج المشكلات التي توفر ظروفاً مواتية لظهور وتمدد التنظيمات الجهادية الإرهابية على غرار تنظيم "داعش"، بل إن هذه المشكلات تخلق حواضن اجتماعية لمثل هذه التنظيمات.

السيناريو الثاني: القيام بمراجعات فقهية وفكرية والتخلي عن نهج التطرف والعنف

يستند هذا السيناريو إلى خبرة تنظيمات جهادية سابقة، قامت بمراجعات فقهية وفكرية وتخلت عن نهج التطرف والعنف. ومن هذه التنظيمات على سبيل المثال: تنظيما "الجهاد" و"الجماعة الإسلامية" في مصر، و"الجماعة الإسلامية المقاتلة" في ليبيا، وغيرها. وقد تناولت بعض الدراسات هذه الظاهرة بالتفصيل [29].

ومثل هذا السيناريو مستبعد على مستوى تنظيم "داعش"؛ لأن العوامل والشروط التي دفعت التنظيمات المُشار إليها إلى القيام بمراجعات فقهية وفكرية والتخلي عن التطرف والعنف غير متوفرة، بل من الصعب توفرها على مستوى تنظيم "داعش"، وذلك للأسباب الآتية:

● **طبيعة الهيكل التنظيمي لتنظيم "داعش" مقارنة بالتنظيمات الجهادية الأخرى**

يُلاحظ أن التنظيمات التي قامت بمراجعات فقهية وفكرية كانت في الأغلب الأعم تنظيمات مركزية تعمل داخل حدود الدول الوطنية. ومن ثم فهي لم تكن تنظيمات عابرة لحدود الدول، أو شبكات جهادية إرهابية على غرار تنظيمي "القاعدة" و"داعش". ومتى ما اقتنع قائد أو قادة التنظيم المركزي بفكرة التصحيح والمراجعة، فإنه يمكنهم بسهولة

---

29. لمزيد من التفاصيل، انظر:

Omar Ashour, *The De-Radicalization of Jihadists: Transforming Armed Islamist Movements* (London: Routledge, 2009); Richard Barrett and Laila Bokhari, "Deradicalization and Rehabilitation Programmes Targeting Religious Terrorists and Extremists in the Muslim world: An Oerview," In: Tore Bjorgo and John Horgan, (eds.), *Leaving Terrorism Behind: Individual and Collective Disengagement* (London, Routledge, 2008), pp.170 -180; Angel Rabasa, Stacie L. Pettyjohn, Jeremy J. Ghezand Christopher Boucek, *Deradicalizing Islamist Extremists*, RAND Corporation, 2010.

إقناع الأعضاء، أو على الأقل معظمهم، بهذا التوجه الجديد، لا سيما وأن عمليات التنشئة داخل هذه التنظيمات تقوم على السمع والطاعة. وبالمقابل فإن تعدد فروع تنظيم "داعش" وخلاياه، وانتشارها على نطاق واسع في دول عدة، وتمتعها بقدر من الاستقلالية، كل ذلك يجعل أمر المراجعة الفكرية والفقهية من قبل التنظيم مستبعداً.

- **الفكر التكفيري وخصوصية تنظيم "داعش"**

من المعروف أن المنظومة الفكرية للسلفية الجهادية تستند إلى أفكار وتصورات وتفسيرات رائجة، تتمحور حول مفاهيم ومقولات "الجاهلية" و"الحاكمية" و"التكفير" و"العصبة المؤمنة" و"الطاغوت" و"الجهاد". ويُقصد بـ "الجهاد" في هذا السياق استخدام القوة لتغيير الواقع القائم، وإقامة الدولة الإسلامية التي تُحكم بالشريعة الإسلامية بحسب رؤى وتصورات تنظيمات وتيارات السلفية الجهادية لها. كما أن الفكر السلفي الجهادي له مصادره وجذوره وامتداداته التاريخية، البعيدة والقريبة، إلا أن القيادي الإخواني "سيد قطب" يُعد مرجعاً رئيسياً لهذا الفكر في العصر الحديث، إذ أسس أيديولوجية تكفيرية شاملة، جعلت منه مصدراً فكرياً رئيسياً للتنظيمات الجهادية الراديكالية التي تسلك نهج العنف والإرهاب[30].

وعلى الرغم من وجود مصادر فكرية مشتركة لتنظيمات التطرف والعنف، إلا أن تنظيم "داعش" له ما يميزه بهذا الخصوص، ذلك أنه بلغ بالفكر السلفي الجهادي التكفيري حدوداً قصوى في الوقت الراهن، إذ قدم النسخة الأكثر تطرفاً وتشدداً ووحشية ضمن منظومة هذا الفكر، لدرجة أن تنظيم القاعدة راح يتهم "داعش" بالتطرف والتشدد، إذ بدا الأخير وكأنه يخلق ثقافة تكفيرية داخل التيار التكفيري ذاته[31].

---

30. لمزيد من التفاصيل، انظر:

Hassan Hassan, "The Sectarianism of the Islamic State: Ideological Roots and Political Context," *Research Paper*, Carnegie Endowment for International Peace, June 2016, pp. 6 -7.

31. انظر:

Ibid., p. 1. See also: Andrew Pereira, "Why Terrorist Groups Don't Die," *Statecraft*, February 2, 2022. https://www.statecraft.co.in/article/why-terrorist-groups-don-t-die

وفي هذا الإطار، راح "داعش" يروج لرؤيته الخاصة المتعلقة بقضايا عدة مثل التكفير، إذ بالغ فيه بتكفير الحُكام ومن والاهم، وتكفير من لم يكفر الفئتين معاً، كما كفر التنظيمات الجهادية الأخرى التي لم تبايعه وتندرج تحت لوائه، مما يعني أن دائرة التكفير في رؤية "داعش" تشمل الغالبية العظمى من المسلمين، وهو ما يؤكد نظرته لذاته باعتباره جماعة المسلمين، وليس جماعة من المسلمين. وبخصوص موضوع الجهاد، يعدّه "داعش" ركناً من أركان الإسلام، حيث ركز على الجهاد بالمعني الهجومي، معتبراً أن الأولوية هي مواجهة العدو القريب (أعداء الداخل من نظم حاكمة ومؤسسات وطوائف) وليس العدو البعيد (الغرب الصليبي حسب تصوره). كما اتسمت ممارسات "داعش" بالوحشية من حيث المبالغة في القتل والاستهانة بالدماء، ناهيك عن نهجه الصارم بشأن التعامل مع الأقليات الدينية والطائفية والعرقية، حيث يكفر مخالفيه من السنة، وكذلك الأكراد والشيعة والإيزيديين وغيرهم، ولا يتورع عن استهداف المساجد ودور العبادة[32]. وفي ضوء هذه الفروقات التي تميز تنظيم "داعش" عن التنظيمات الجهادية التي قامت بالمراجعات الفقهية والفكرية، فإن من الصعب تصور قيامه بمثل هذه المراجعات، حيث أسس وجوده كتنظيم على هذا الفكر. كما أنه تحول إلى شبكة جهادية إرهابية عابرة لحدود الدول، الأمر الذي يسهم في جعل أمر المراجعة غير وارد. وفي هذا الإطار، قد يخرج البعض من التنظيم لأسباب مختلفة، إلا أنه من الصعب تصور تخليه عن نهجه الفكري، خاصة إذا كانت هناك عوامل تساعده على الاستمرارية.

---

32. لمزيد من التفاصيل حول فكر التنظيم، انظر: معتز الخطيب، "تنظيم الدولة الإسلامية: البنية الفكرية وتعقيدات الواقع،"، شفيق شقير، "الجذور الأيديولوجية لتنظيم الدولة الإسلامية،" في: د. فاطمة الصمادي (إشراف وتحرير)، تنظيم الدولة الإسلامية: النشأة، التأثير، المستقبل (الدوحة: مركز الجزيرة للدراسات، نوفمبر 2014).

Hassan Abu Hanieh & Dr. Mohamed Abu Rumman, *The "Islamic State" Organization : The Sunni Crisis and the Struggle of Global Jihadism* (Amman: FES Jordan & Iraq,2015), Chapter 1; Cole Bunzel, "From Paper State to Caliphate: The Ideology of the Islamic State," The Brookings Project on U. S. Relations with Islamic World, *Analysis Paper*, No. 19 (March 2015),pp.7 -11; Emin Daskin, "Justification of Violence by Terrorist Organizations: Comparing ISIS and PKK," *Journal of Intelligence and Terrorism Studies*, 2016, 1:#PLV6PE.

● استيعاب دروس الصدام مع النظم الحاكمة

تؤكد خبرات التنظيمات التي قامت بالمراجعات أن قياداتها قد وصلوا بعد سنوات من الصدام مع النظم الحاكمة إلى اقتناع مفاده أن الفكر المتطرف الـذي يتبنونـه، وأعمال العنف والإرهاب التي ارتكبتها تنظيماتهم تتعارض مـع مبادئ الشريعة الإسلامية السمحة. كما أنها لم تحقق أي هدف، بل كانت نتيجتها وبالاً عـلى هـذه التنظيـمات، إذ إن الآلاف من أعضائها تعرضوا للقتل أو تلقوا أحكاماً قاسية بالإعدام أو السـجن لسـنوات طويلة. وبالإضافة إلى ذلك، فقد ترتب على أنشطة هذه التنظيمات مفاسد عظيمة، وبخاصة فيما يتعلق بقتل وإصابة مواطنين أبرياء، وتدمير ممتلكات عامة وخاصة، ونهب أموال الغير، وتشويه صورة الدين الإسلامي، وهو براء من هذه الأعمال.

وفي هذا الإطار، وعلى سبيل المثال، قامت قيادات "الجماعـة الإسـلامية" في مصـر بتأصيل المراجعات التي تمت خلال فترة وجودهم في السجن، في سلسلة من الإصدارات أطلقوا عليها اسم "سلسلة التصحيح"، ضمنوها مراجعاتهم، ونشـروها على نطاق واسـع داخل مصـر وخارجها. ومن هنا فقد تأثرت بها تنظيمات جهاديـة أخرى، وسـارت عـلى النهج نفسه. وقد تضمنت "سلسلة التصحيح" التي نُشرت في ينـاير 2002، أربعـة كتب حملت عناوين ذات أبعاد ودلالات مهمة، وهي: "مبادرة وقف العنف: رؤية واقعية ونظرة شـرعية"، و"حرمة الغلو في الدين وتكفير المسلمين"، و"تسليط الأضواء على مـا وقـع في الجهاد من أخطاء"، و"النصح والتبيين في تصحيح مفاهيم المحتسبين"[33].

ومن الصعب تصور أن يقوم "داعش" بمثل هـذه المراجعـة بحكـم طبيعـة الفكـر التكفيري الذي يتبناه، مقارنة بالتنظيمات الأخرى على نحو ما سبق بيانه، أو بحكم اقتنـاع قياداته بأن التنظيم حقق خلال مسيرته إنجازات لم يسبقه إليها أي تنظيـم جهادي آخـر. ويتمثل أهم هذه الإنجازات، من وجهة نظرهم، في تأسيس "دولة الخلافة الإسلامية بـين

---

33. لمزيد من التفاصيل، انظر: ضياء رشوان (رئيس التحرير)، **دليل الحركات الإسلامية في العـالم: العـدد الأول** (القاهرة: مركز الدراسات السياسية والاستراتيجية بالأهرام، ط1، 2006)، ص ص. 274 - 275.

عامي 2014 و2017 على أراض سورية وعراقية تعادل مساحة بريطانيا تقريباً. ومـن ثـم يطمح التنظيم إلى تكرار هذه التجربة، ولا سـيما أن فروعه وخلاياه المنتشـرة في عـدد مـن دول العالم تعزز من قدرته على الصمود والمواجهة. وإذا كانت فترة السجن شكلت فرصـة لقيام قيادات بعض التنظيمات الجهادية بالمراجعة والتصحيح، فإن قيادات "داعـش" تنظـر إلى السجون التي تضم مقاتلي التنظيم، سواء في سوريا أو العراق، وكذلك المخيمات التـي تضم نساء وأطفال "داعش"، تنظر إليها بصفتها حواضـن اجتماعيـة لهـذا الفكـر. ويتبنـى التنظيم استراتيجية "هدم الأسوار" لإطلاق سـراح مقاتليه من هذه السجون.

السـيناريو الثالث: استمرار التنظيم مع تأرجح دوره صعوداً وهبوطاً

يُعد هذا السـيناريو الأكثر ترجيحـاً لمسـتقبل تنظيم "داعـش" في سـوريا والعراق خلال الأجلين القصيـر والمتوسط على الأقـل، ذلـك أن جميـع العوامـل والمحـددات ذات التأثير في مستقبل التنظيم تصب في اتجاه تحقيق هذا السـيناريو، حيـث يستمر التنظيم في ظل ما يُسمى بمرحلة عدم التمكين، مـع تـأرجح دوره صعوداً وهبوطـاً، بحسـب التغيـر في الظروف والعوامل المؤثرة في أنشطته، سواء تعلقـت بـه أو بالبيئـات التـي ينشط فيهـا، أو باستراتيجيات مواجهته[34]. فعلى سبيل المثال، فإنه في أعقاب عملية سـجن الصناعة بحي غويران، ومقتل زعيمه أبي إبراهيم الهاشمي القرشـي، فإنـه مـن المتوقـع أن يمـر التنظيـم بمرحلة من الكمون النسبي، يتراجع فيها دوره إلى حد ما. وخلال هذه المرحلة يعيد تجميع صفوفه، ومن ثم يستأنف أنشطته الإرهابية بشكل أكثر قوة في مراحل لاحقة. وتُعـد سـمة اللامركزية التي يتميز بها التنظيم من أبرز العوامل التي تساعده عـلى تحقيـق ذلـك. كـما أن الخبرة التاريخية للتنظيم ترجح سيناريو استمراريته، حيث إنه استطاع التكيف بسرعة مع

---

34. لمزيد من التفاصيل، انظر:

International Crisis Group, "Contending with ISIS in the Time of Coronavirus," *Commentary*, March 31,2020. https://d2071andvip0wj.cloudfront.net/contending-with-isis-31iii20.pdf; Seth G. Jones, "Beyond Baghdadi: The Next Wave of Jihadist Violence," *Report*, Center for Strategic and International Studies, November 4, 2019. https://www.csis.org/analysis/beyond-baghdadi-next-wave-jihadist-violence

أزمات حادة عصفت به، مثل تدمير قدراته العسكرية الثقيلة، وتفكيك دولته المزعومة، ومقتل زعيمه أبي بكر البغدادي على نحو ما سبق ذكره[35].

وفي هذا السياق، فإنه من المتوقع أن يركز التنظيم بشكل أكبر خلال المرحلة المقبلة على استخدام العبوات الناسفة، والتفجيرات الانتحارية، فضلاً عن تشجيع عمليات الذئاب المنفردة في تنفيذ عملياته الإرهابية، إذ لا تتطلب هذه الأساليب الدخول في مواجهات مباشرة مع عناصر من الجيش أو قوات الأمن. وتأتي مثل هذه العمليات في إطار استمرار تبني التنظيم لأساليب حرب العصابات، التي تتوافق مع مرحلة عدم التمكين، حيث يقوم أفراد أو مجموعات صغيرة بتنفيذ عمليات خاطفة، ثم الهرب والتخفي بعيداً عن الأنظار في المناطق الهشة أمنياً داخل كل من سوريا والعراق أو في المناطق الحدودية بين البلدين.

وفي ظل هذا السيناريو، فإنه من المتوقع أن يستمر التنظيم في استهداف عسكريين ورجال أمن؛ بهدف زعزعة الثقة في قدرة الجيوش وقوات الأمن على مواجهته. كما سيستهدف مدنيين بهدف خلق حالة من الخوف والذعر بين السكان المحليين، مما يسمح له بالسيطرة على بعض ممتلكاتهم أو تحصيل إتاوات منهم. كما أنه من المرجح أن يتوسع التنظيم في استهداف مؤسسات ومرافق اقتصادية وخدمية مثل أبراج الكهرباء، وحقول النفط والغاز، وخطوط نقل الطاقة، والاستثمارات الاقتصادية.. إلخ. وقد برز هذا التوجه لدى التنظيم خلال عام 2021، إذ قام باستهداف العشرات من أبراج الكهرباء وخطوط نقل الطاقة في العراق. والهدف من هذه العمليات هو إصابة الكثير من المرافق والخدمات بالشلل نتيجة انقطاع التيار الكهربائي، وإرباك الأوضاع الأمنية، وإحراج الحكومتين، السورية والعراقية بإظهار عجزهما عن توفير الأمن. وسوف يؤدي هذا المسلك في حال

---

35. لمزيد من التفاصيل، انظر:

Antonia Ward, "Do Terrorist Groups Really Die? A Warning," Commentary, *Rand*, April 9, 2018. https://www.rand.org/blog/2018/04/do-terrorist-groups-really-die-a-warning.html; Fawaz A. Gerges "The Islamic State Has Become a Resilient Insurgency," Op. Cit.

تصاعده إلى إلحاق أضرار كبيرة بالبني والهياكل التحتية في كل من سوريا والعراق، وهي في الأصل ضعيفة أو منهارة بسبب طول سنوات الحرب وعدم الاستقرار[36].

كما أنه من المتوقع تصاعد ظاهرة انخراط عناصر أصغر سناً في العمليات الإرهابية التي ينفذها تنظيم "داعش" خلال المستقبل المنظور. فالكثير من الأعضاء الذين انضموا إلى "داعش" منذ بدايات تأسيسه قُتلوا أو تم اعتقالهم أثناء المواجهات المسلحة التي خاضها التنظيم لسنوات في كل من سوريا والعراق. وبحسب أرديان شاكوفسي، مدير المعهد الأمريكي لمكافحة الإرهاب، فإن "العديد من المسلحين الذين تم اعتقالهم في هجمات، منذ أن فقد "داعش" آخر أراضيه قبل ثلاث سنوات، معظمهم صغار السن، ومن عائلات ذات أعضاء أكبر سناً مرتبطة بـ "داعش." وإذا كان الأمر كذلك، فهذا جيل جديد من مجندي "داعش"، يغير حسابات المعركة ويزيد التهديدات بعدة طرق"[37]. ولا شك في أن أطفال "داعش"، سواء في السجون أو المخيمات، يشكلون رصيداً بشرياً للتنظيم ما لم تتم معالجة أوضاعهم، وإعادة إدماجهم في المجتمعات التي ينتمون إليها.

ولكن على الرغم من قدرة "داعش" على الاستمرار في كل من سوريا والعراق خلال الأجلين القصير والمتوسط على الأقل، وقدرته على أن يشكل مصدراً للتهديد، بدرجات متفاوتة وأشكال مختلفة، إلا أن هذا لا يعني بحال من الأحوال قدرته على تكرار تجربة "دولة الخلافة الإسلامية" بين عامي 2014 و2018، عندما سيطر على مساحات واسعة من كل من سوريا والعراق تعادل مساحة دولة في حجم بريطانيا تقريباً، وقام بممارسة سلطات الدولة عليها. والسبب الرئيسي وراء ذلك هو أن الظروف والعوامل

---

36. لمزيد من التفاصيل، انظر: محنة العراق.. "حرب أبراج الكهرباء" تنتقل إلى العاصمة، **سكاي نيوز عربية**، 2021/7/14. مُتاح على الرابط الآتي: https://www.skynewsarabia.com/middle-east/1451234؛ داعش يتبنى هجوماً على أنبوب غاز في سوريا، **الحرة**، 2021/9/19. مُتاح على الرابط الآتي: https://www.alhurra.com/syria/2021/09/19/

37. لمزيد من التفاصيل، انظر: "يغير حسابات المعركة"... جيل جديد "أصغر سناً" من مقاتلي داعش، **الحرة**، 2022/1/26. مُتاح على الرابط الآتي:
https://www.alhurra.com/arabic-and-international/2022/01/26

التي توفرت في حينه لتمكنه من تحقيق هذا الهدف، ليس من السهل أن تتوفر مجتمعة مرة أخرى، سواء في سوريا أو العراق. ولذلك سوف يستمر التنظيم في ممارسة حرب العصابات ضد الدولة والمجتمع، دون أن يتمكن من فرض سيطرته على مساحات واسعة من الأراضي، مثلما فعل في السابق.

أمّا خارج سوريا والعراق، فإنه من المرجح أن تواصل فروع "داعش" أنشطتها الإرهابية، وبخاصة في بعض الدول الأفريقية والآسيوية التي ينشط فيها التنظيم، ولا سيما أن أوضاعها البائسة من حيث هشاشة الدولة، وعجزها عن فرض سيطرتها على إقليمها، وانعدام الأمن، وتفاقم المشكلات السياسية والاقتصادية والاجتماعية، واستشراء الفساد، كل ذلك يشكل بيئات ملائمة لاستمرار "داعش" وتمدده.

كما أنه من غير المستبعد أن يتجه التنظيم خلال المرحلة المقبلة نحو إحياء دوره في دول عربية أخرى مثل ليبيا واليمن. فليبيا تعصف بها سلسلة من الأزمات، لدرجة أنها باتت مهددة بالانزلاق مجدداً إلى مستنقع الحرب بين فرقاء سياسيين تدعمهم مليشيات مسلحة. أمّا اليمن فهو يشهد حرباً متواصلة منذ أكثر من سبع سنوات، ولا يوجد في الأفق ما يدل على قرب انتهاء هذه الحرب[38]. وكلما طال أمد هذه الأوضاع المأساوية، صَبَّ في مصلحة تنظيم "داعش" وغيره من الفاعلين المسلحين من غير الدول.

وبالإضافة إلى ما سبق، فإن تنظيم "داعش" سوف يواصل محاولاته للتمدد في دول أخرى مستقرة، لا تشهد حروباً أهلية أو صراعات داخلية حادة، مثل تونس والجزائر والمغرب. ومن المفارقات أن الدول الثلاث أعلنت بالتزامن في 16 /3 /2022 عن تفكيك ثلاث خلايا إرهابية مرتبطة بتنظيم "داعش". ففي المغرب تمكنت السلطات الأمنية من اعتقال خلية إرهابية موالية للتنظيم مكونة من خمسة أفراد، وتنشط هذه الخلية في عدد من المدن المغربية. وقد انخرط أعضاؤها في التخطيط والإعداد لتنفيذ مشاريع تخريبية في إطار

---

38. لمزيد من التفاصيل، انظر: هل يؤدي "الانقسام السياسي" لعودة "داعش" إلى ليبيا؟، جريدة الشرق الأوسط اللندنية، 2022/2/15. /https://aawsat.com/home/article/3475386

ما يُسمى عمليات الإرهاب الفردي. وفي تونس، أعلنت وزارة الداخلية، عن تفكيك خلية إرهابية مرتبطة بتنظيم "داعش"، وذلك في محافظة تطاوين جنوبي البلاد. وتُعرف هـذه الخلية باسم "الموحدون"، وهي تضم ستة إرهابيين، خططوا لصناعة مواد مُتفجّرة وسُمُوم لاستخدامها في القيام بعمليات إرهابية نوعية. وقبل ذلك بأسبوعين، تمكنت الأجهزة الأمنية بمحافظة جندوبة شمال غربي تونس من الإطاحة بخلية إرهابية مكونة مـن (11) تكفيرياً، كانوا بصدد التحضيـر لارتكاب عملية إرهابية ضد أعـوان الأمـن. وفي **الجزائر**، ذكرت الأجهزة الأمنية أن الجيش قضى على آخر مجموعة إرهابية تنشط بالمناطق الساحلية. وقد تمت هذه العملية العسكرية في محافظة سكيكدة شـرقي البلاد، حيث أُلقي القبض على سبعة إرهابيين ومقتل آخر [39].

وتكشف هذه التطورات عن حقيقتين مهمتين. **أولاهما**، أن لتنظيم "داعش" خلاياه النائمة في دول عدة، مما يدل على انتشار الفكر التكفيري للتنظيـم. **وثـانيتهما**، أن أسـلوب الذئاب المنفردة يُعـد مـن الوسـائل المهمـة التـي يعتمـد عليهـا التنظيم في تنفيـذ أنشطته الإرهابية، حيث يقوم عضو أو مجموعة صغيرة من أعضاء التنظيم أو حتى مـن المتعـاطفين معه، والذين غالباً ما يكونون غير مسجلين لدى الأجهزة الأمنية، يقومون بتنفيذ عمليـات إرهابية بحسب الظروف والمعطيات المحيطة بهم، والوسائل المتاحة لديهم. ولكـن في جميـع الأحوال تبقى الدول الهشة والمتصدعة تمثل مـلاذات آمنـة لتنظيـم "داعـش"، وإن كانت أنشطته الإرهابية لا تقتصـر عليها.

---

39. لمزيد من التفاصيل، انظر: المغرب وتونس والجزائر.. تفكيك متزامن لثلاث خلايا إرهابية، **العين الإخبارية**، 2022/3/16. مُتاح على الرابط الآتي: https://al-ain.com/article/morocco-tunisia-algeria-three-terrorist- cells؛ المغرب يفكك خلية إرهابية موالية لتنظيم داعش، **جريـدة البيـان الإمـاراتيـة**، 2022/3/17. مُتاح على الرابط الآتي: https://www.albayan.ae/world/arab/2022-03-17-1.4393501 ؛ تونس تعلن تفكيك شبكة إرهابيـة تابعـة لتنظيم داعش، **جريـدة الخلـيج الإمار اتية**، 2022/3/16. مُتـاح علـى الـرابط الآتـي: https://www.alkhaleej.ae/2022-03-16

"داعش" لن يندثر بسهولة
والحرب ضده سوف تكون طويلة

في أعقاب هزيمته العسكرية في كل مـن العـراق وسـوريا، ومقتـل زعيمـه أبي بكـر البغدادي في أكتوبر 2019، استطاع تنظيم "داعش" التكيف بسـرعة مع هذه المستجدات، إذ تمكن من إعادة تجميع صفوفه واستئناف أنشطته الإرهابية في البلَدين. وقـد نفـذ خـلال الأعوام الثلاثة الماضية آلاف العمليات الإرهابية داخل سوريا والعراق وخارجهما، حيث تنشط فروعه وخلاياه المنتشـرة في دول عدة، وبخاصة في آسيا وأفريقيا.

وعلى الرغم من فشل عملية سجن الصناعة بحي غويران التي نفذها التنظيم في يناير 2022، ومقتل زعيمه أبي إبراهيم الهاشمي القرشي في 3 فبراير 2022، إلا أنه مـن المرجح أن يكون تأثير الحدثين في دور التنظيم داخل سوريا والعراق خلال المستقبل المنظور مؤقتاً ومحدوداً، ما دامت العوامل التي تغذي استمراريته باقية. بعض هذه العوامل يتعلق برسوخ الأيـديولوجيا التكفيريـة للتنظيـم لـدى أعضـائه النشـطين وخلايـاه النائمـة، وانتهاجـه اللامركزية وأسلوب حرب العصابات في أنشطته وعملياته، وانخـراط جيـل جديـد مـن الإرهابيين في صفوفه. وهناك عوامل أخرى موضوعية تتعلق بالأوضاع في كل من سـوريا والعراق، من أبرزها: هشاشة الدولة وتصدعها جغرافياً وسياسـياً، ووجـود فراغـات أمنيـة، وتفـاقم الأزمـات السياسـية والاقتصـادية والاجتماعيـة، واستمرار مشـكلات النازحين واللاجئـين، والتـدخلات الخارجيـة الكاسـحة في الشـؤون الداخليـة للبلَـدين، بالإضافة إلى الانعكاسات السلبية للحرب الأوكرانية عليهما.

وتأسيساً عـلى مـا سـبق، فإنـه يصـعب محاصـرة تنظيم "داعش" دون معالجـة المشكلات التي تغذي استمراريته. ومن هنا تأتي أهمية التوصل إلى تسويات تاريخية تمهد

الطريق أمام إعادة بناء الدولة في سوريا والعراق على أسس ومبادئ المواطنة وسيادة القانون، ووقف التدخلات الخارجية، فضلاً عن تنفيذ خطط وبرامج فعالة من أجل إعادة الإعمار، وبخاصة في المناطق التي دمرتها الحروب، وإعادة النازحين والمهجرين إلى مناطقهم، ورفع الظلم عن الفئات التي تشعر بالتهميش، والتي قد تشكل حاضنة اجتماعية لتنظيم "داعش" أو غيره من التنظيمات الجهادية الإرهابية في حال استمرار هذه الأوضاع.

وإذا كانت مواصلة المواجهة العسكرية والأمنية لتنظيم "داعش" ضرورية ومطلوبة، فإن هناك حاجة لإعادة النظر في السياسات الأمنية المطبقة في كل من سوريا والعراق بهذا الخصوص، إذ يُلاحظ أن هذه السياسات تأتي بصفتها ردود أفعال للعمليات التي ينفذها التنظيم، ولا تمثل استراتيجيات استباقية متكاملة لمواجهته، وتدمير مصادر قوته، وبخاصة في سوريا، حيث يصعب الحديث عن استراتيجية وطنية في ظل وجود كيانات أخرى غير النظام السوري تسيطر على مناطق في شمال شرق وشمال غرب سوريا. ولكن مهما تكن فاعلية السياسات العسكرية والأمنية، فإنها لا تكفي بمفردها لتجفيف منابع التطرف والإرهاب التي تغذي تنظيم "داعش" وغيره من التنظيمات الجهادية الإرهابية[1]. وهنا تأتي أهمية المواجهة الفكرية للفكر المنحرف الذي يتبناه التنظيم، فضلاً عن المعالجة الجادة للمشكلات الاقتصادية والاجتماعية والثقافية والسياسية التي تمثل بيئات مواتية لتمدد تنظيمات التطرف والإرهاب.

كما يُعدُّ التعاون الإقليمي والدولي الفعال من المتطلبات الرئيسية لمواجهة تنظيم "داعش" داخل سوريا والعراق وخارجهما. فمن خلال هذا التعاون يمكن تفعيل سياسات دحض الفكر التكفيري الذي يروج له التنظيم، واستهداف مقاتليه، وتحجيم قدرته على تجنيد أعضاء جدد، وتجفيف مصادر تمويله، ومنعه من توظيف منصات التواصل

---

1.   لمزيد من التفاصيل، انظر:

Georges Fahmi, Manhal Baresh and Rashed al-Othman, "The Remnants of Islamic State in Syria: Military Action Alone Cannot Defeat It," *Policy Brief*, European University Institute, Issue 2021/15, April 2021.

الاجتماعي في نشـر فكره وتوسـيع دائرة مؤيديه. ويبرز في هذا السـياق أهمية استمرار دور التحالف الدولي لمحاربة تنظيم "داعش" في كل من سوريا والعراق؛ لأن تراجع هذا الدور يصب في مصلحة التنظيم. كما يمكن في إطار التعاون الإقليمي والدولي الفاعل إيجاد حلول جذرية لمشكلتيْ سجناء "داعش"، ونساء وأطفال "داعش"، الذين تضمهم مخيمات عدة في مناطق الإدارة الذاتية لشمال سوريا وشرقها.

ولكن يتمثل التحدي الحقيقي في عملية مواجهة تنظيم "داعش" في سوريا والعراق في كيفية توفير وإنضاج الشـروط التي من شأنها معالجـة الأزمـات الحـادة والمتزامنة التـي تعصف بالبلدين، وبخاصة فيها يتعلـق بهشاشـة الدولـة وتصدعها، والفراغـات الأمنيـة، والتدخلات الخارجية، والمشكلات السياسية والاقتصادية والاجتماعية المتفاقمة. ودون ذلك سوف يستمر التهديـد الـذي يمثله تنظيم "داعش"، بـدرجات متفاوتـة وأشكال مختلفة، ولكن دون أن يصل إلى حد تكرار تجربة دولة الخلافة الإسلامية (2014 – 2017). ولذلك، فإن الحرب ضد التنظيم سوف تكون على الأرجـح طويلـة وممتـدة، ولا سـيما أنه لا يتمركز في سوريا والعراق فحسب، بل أصبح شـبكة جهاديـة إرهابيـة عـابرة لحدود الـدول. إن تجربـة تنظيمـي "داعـش" و"القاعـدة" تؤكـد أن التنظيهات الجهاديـة الإرهابية الكبيرة قد تضعف ويتراجع دورها، إلا أنها لا تموت أو تندثر بسهولة. وإذا كـان من الصعب تصور إمكانية القضاء نهائياً على التطرف والإرهاب لأسباب عديدة لا يتسع المجال للخوض فيها، فإن أحد المداخل الرئيسية لإضعاف التنظيهات الجهادية الإرهابية ومحاصرتها، إلى جانـب المواجهـة الأمنيـة، هـو تخفيف المنابـع الاقتصادية والاجتماعيـة والسياسـية والدينية والثقافية التي تسمح بظهور هذه التنظيهات وتمددها. فهـل ستتمكن سوريا والعراق وغيرهما من البلدان التي ينتشـر فيها تنظيم "داعش" مـن اتخاذ خطوات جادة على هذا الطريق؟ هذا هو الاختبار الحقيقي للدول في مواجهة "داعش" وغـيره مـن الفاعلين المسلحين من غير الدول.

المصادر والمراجع

أولاً: باللغة العربية

● **كتب:**

د. أحمد ذوقان الهنداوي ود. صالح سليم الحموري و أ. رولا نايف المعايطة، استشراف المستقبل وصناعته: ما قبل التخطيط الاستراتيجي.. استعداد ذكي (دولة الإمارات العربية المتحدة: قنديل للصحافة والنشر والتوزيع، ط1، 2017).

حسن أبو هنية ومحمد أبو رمان، تنظيم الدولة الإسلامية.. الأزمة السنية والصراع على الجهادية العالمية (عمان: مكتب مؤسسة فريدرش إيبرت، 2015).

د. حسنين توفيق إبراهيم، مستقبل النظام السياسي والدولة في العراق وانعكاساته على الأمن والاستقرار في الخليج (دبي: مركز الخليج للأبحاث، سلسلة دراسات عراقية، ط2، 2005).

دعاء الجهيني، مناهج التنبؤ والاستشراف المستقبلي (برلين: المركز الديمقراطي العربي، 2021).

ضياء رشوان (رئيس التحرير)، دليل الحركات الإسلامية في العالم: العدد الأول (القاهرة: مركز الدراسات السياسية والاستراتيجية بالأهرام، ط1، 2006).

د. فاطمة الصهادي (إشراف وتحرير)، تنظيم الدولة الإسلامية: النشأة، التأثير، المستقبل (الدوحة: مركز الجزيرة للدراسات، نوفمبر 2014).

فالح عبد الجبار، الدولة والمجتمع المدني والتحول الديمقراطي في العراق (القاهرة: مركز ابن خلدون للدراسات الإنمائية ودار الأمين للنشر والتوزيع، 1995).

مجموعة من المؤلفين، الدولة الإسلامية: راية سوداء ترفرف عالياً، ترجمة أحمد كامل راوي (إسطنبول: مؤسسة ميسلون للثقافة والترجمة والنشر، 2018).

● **دوريات:**

د. حسنين توفيق إبراهيم، "الدول المتصدعة في العالم العربي: تحديات راهنة وآفاق مستقبلية"، مجلة الديمقراطية، العدد 82 (أبريل 2021).

عبد الحسـين شعبان، "صراع أم جدل الهويات في العراق؟"، **المستقبل العربي**، العدد 369 (نوفمبر 2009).

د. رضوان السـيد، "الصراع على مستقبل العراق: الحوزة الدينية والعشائر والاجتماع المدني والسـياسي"، **المستقبل العربي**، العدد 292 (يونيو 2003).

د. محمد سعد أبو عامود، "الولايات المتحدة الأمريكية وإعادة بناء الدولة في العـراق"، **السـياسة الدوليـة**، العدد 154 (أكتوبر 2003).

د. مصـطفى عبـد العزيـز، "تعـدد الأدوار في الأزمـة السـورية وتـداعياتها عـلى فـرص الحـل واحـتمالات المستقبل"، **مجلة شؤون عربية**، العدد 186 (يونيو 2021).

• دراسات وتقارير:

إكرام زيادة، "داعش يُعيد تنظيمـه مـن جديـد داخـل مخيمات شـمال سـوريا"، **دراسات**، المركز الأوربي لدراسات مكافحة الإرهاب والاستخبارات، 16/ 2/ 2022.

أنس شواخ، "اختبار داعش لخطة هدم الأسوار: الهجوم على سجن الحسكة نموذجاً"، **تقرير تحليلي**، مركز جسور للدراسات، كانون الثاني/ يناير 2022.

بسمة فايد، "مكافحة الإرهاب.. عودة داعش في العراق.. الأسباب وحجـم المخـاطر"، دراسات، المركـز الأوربي لدراسات مكافحة الإرهاب والاستخبارات، 18 مايو 2020.

بن كونوبال وآخرون، **التغلب على تنظيم الدولة الإسلامية: اختيـار اسـتراتيجية جديـدة للعـراق وسـوريا** (كاليفورنيا، سانتا مونيكا: مؤسسة راند، 2017).

جاسم محمد، "داعش يظهر من جديد في سوريا والعراق: الدلالات والمعالجات"، دراسات، المركز الأوربي لدراسات مكافحة الإرهاب والاستخبارات، 5/ 2/ 2022.

جورج فهمي ومنهل باريش وراشد العثمان، "سقطت الدولة وبقي التنظيم: الحـل العسكري غـير كافٍ لهزيمة داعش في سوريا"، **ورقة سياسات**، ضمن مشـروع "زمـن الحـرب ومـا بعـد الصـراع في سـوريا" Middle East Directions، 22/ 4/ 2021.

د. حسنين توفيق إبراهيم، "في تفسـير استمرارية التنظيمات الجهادية الإرهابية: "داعش" نموذجاً"، **برنامج الأمن الدولي والإرهاب**، تريندز للبحوث والاستشارات، 21/ 10/ 2021.

د. حسنين توفيق إبراهيم، "الفاعلون المسلحون من غـير الـدول في العـالم العـربي: تحـديات راهنة وآفـاق مستقبلية"، **كراسات استراتيجية**، العدد 299، المجلد الثامن والعشرون، أبريل 2019.

د. حسنين توفيق إبراهيم، أزمة الدولة العربية وصراعات الهوية: مرحلة ما بعد الربيع العربي، **كراسات استراتيجية**، العدد 289، المجلد السابع والعشرون، يونيو 2018.

د. خورشيد علي، "مكاسب مُقيّدة: هل تصبح إيران "الرابح الأكبر" من أزمة أوكرانيا؟"، **التحليلات – التغيرات السياسية**، مركز المستقبل للأبحاث والدراسات المتقدمة، 3/ 3/ 2022.

سهام عبد الرحمن، "مكافحة الإرهاب ـ مخاطر الخلايا النائمة لتنظيم داعش في العراق"، **دراسات**، المركز الأوربي لدراسات مكافحة الإرهاب والاستخبارات، 18/ 2/ 2022.

سيث ج. جونز وآخرون، **دحر تنظيم الدولة الإسلامية – تقرير** (كاليفورنيا، سانتا مونيكا: مؤسسة راند، 2017).

د. صباح ناهي، "أزمة الديمقراطية الغائبة في العراق: أيُّ ديمقراطية في غياب الأمن والفساد المستشري؟"، **السياسات الوطنية**، مركز تريندز للبحوث والاستشارات، 15/ 9/ 2021.

عبد الوهاب عاصي، "مصير إدلب وفْق الظروف العسكريّة والأمنيّة"، **تقرير تحليلي**، مركز جسور للدراسات، آب/ أغسطس 2021.

ماهر فرغلي، "داعش: من التمكين إلى الانتشار.. البناء الثالث"، **مركز تريندز للبحوث والاستشارات**، 15/ 12/ 2020.

د. محمد العزاوي، "العراق.. مرحلة جديدة في محاربة داعش"، **الأمن الدولي والإرهاب**، تريندز للبحوث والاستشارات، 13/ 10/ 2021.

د. محمد أبو رمان، "مستقبل داعش: عوامل القوة والضعف.. ديناميكيات "الخلافة الافتراضية" وفجوة استراتيجيات مكافحة الإرهاب، **دراسة**، مؤسسة فريدريش إيبرت – مكتب عمان، 2020.

مركز الإمارات للسياسات، "عودة نشاط داعش في سوريا: الدوافع والتداعيات"، **قضايا متخصصة**، مركز الإمارات للسياسات، 19/ 11/ 2020.

مركز الإمارات للسياسات، "هجوم داعش على سجن غويران في الحسكة السورية: دوافعه ومآلاته، **قضايا متخصصة**، 10/ 2/ 2022.

مركز المستقبل للأبحاث والدراسات المتقدمة، "تصفية القرشي: ملابسات وتداعيات اغتيال زعيم تنظيم داعش في سوريا"، **تقديرات المستقبل**، 9/ 2/ 2022.

وحدة الدراسات والتقارير، "ملف تنظيم داعش في سوريا والعراق ـ القدرات والتسلح والتخطيط"، **دراسات**، المركز الأوربي لدراسات مكافحة الإرهاب والاستخبارات، 13/ 2022.

• صحف:

إبراهيم حميدي، "بيدرسن: لا خلافات استراتيجية بين أمريكا وروسيا في سوريا... ودعم دولي لـ "خطوة ـ خطوة"، جريدة الشرق الأوسط اللندنية، 29/ 1/ 2022.

إبراهيم حميدي، "حرب أوكرانيا وجهة جديدة لـ "مرتزقة سوريين"، جريدة الشرق الأوسط اللندنية، 5/ 3/ 2022.

إبراهيم حميدي، "واشنطن تحشد حلفاءها في الملف السوري لـ "أسباب أوكرانية"، جريدة الشرق الأوسط اللندنية، 2/ 3/ 2022.

إبراهيم حميدي، "الرهان السوري ـ الإيراني و"العقدة" الروسية"، جريدة الشرق الأوسط اللندنية، 16/ 3/ 2022.

إياد العنبر، "صراع السلطة والنفوذ في العراق.. ميسان نموذجاً"، الحرة، 13/ 2/ 2022.

د. حسن أبو طالب، "الحرب مع داعش... ممتدة ومكلفة"، جريدة الشرق الأوسط اللندنية، 8/ 2/ 2022.

رضوان السيد، "الاستعصاء على التغيير بالانتخابات!"، جريدة الشرق الأوسط اللندنية، 24/ 12/ 2021.

طارق الشامي، "ما الذي يعنيه مقتل القرشي لـ "داعش" وبايدن و"قسد"؟ اندبندنت عربية، 4/ 2/ 2022.

عبد الله رجا، "سجن الحسكة.. داعش ما زال يثير المخاوف"، جريدة البيان الإماراتية،3/ 2/ 2022.

عمر فاروق، "الدّواعش وعقيدة اقتحام السّجون"، جريدة النهار اللبنانية، 31/ 1/ 2022.

فاضل النشمي، "بغداد تقرر التفاوض والتنسيق مع الإقليم لإدارة ملف النفط: كردستان غاضبة من حكم المحكمة الاتحادية"، جريدة الشرق الأوسط اللندنية، 17/ 2/ 2022.

فايز سارة، "السوريون وقضيتهم على بوابة عام جديد"، جريدة الشرق الأوسط اللندنية، 26/ 12/ 2021.

فايز سارة، "سوريا في مسار التدخلات الخارجية"، جريدة الشرق الأوسط اللندنية، 8/ 2/ 2022.

فراس كرم وكمال شيخو، "دويلات سوريا الثلاث... خطوط ثابتة ومعاناة متفاقمة"، جريدة الشرق الأوسط اللندنية، 6/ 3/ 2022.

فراس كرم، "أهالي أطمة مشغولون بألغاز اختباء زعيم "داعش" عندهم"، جريدة الشرق الأوسط اللندنية، 6/ 2/ 2022.

كمال شـيخو، "قسد تسـيطر بشكل كامـل عـلى سـجن الصـناعة في الحسـكة"، جريـدة الشــرق الأوسـط اللندنية، 27 /1 /2022.

كمال شـيخو، "أمريكا تجدد دعمها لـ "قسد" ضد "داعش" بعد تمرد غويران"، جريـدة الشــرق الأوسـط اللندنية، 30 /1 /2022.

كمال شـيخو، "تمرد سجن الحسكة: عشـرات فروا في الساعات الأولى"، جريدة الشـرق الأوسط اللندنيـة، 31 /1 /2022.

كمال الطويل، "تمردات انتهت بمأساة أو بدفعة للجماعات المسـلحة"، جريـدة الشــرق الأوسـط اللندنيـة، 23 /1 /2022.

د. محمد عز العرب، "داعش يُقلق العراق مجدداً"، جريدة الخليج الإماراتية، 15 /12 /2021.

هبة القدسـي، "بايدن يعلن مقتل زعيم "داعش" بعملية عسكرية شمال غـربي سـوريا"، جريـدة الشــرق الأوسط اللندنية، 4 /2 /2022.

هبة القدسـي وكمال شـيخو، "واشنطن تشـيد بدور "قسد" في إنهاء تمـرد "داعـش" في الحسـكة"، جريـدة الشـرق الأوسط اللندنية، 1 /2 /2022.

وليد عبد الرحمن، "داعش يستعيد أساليب إرهابية قديمة"، جريدة الشـرق الأوسط اللندنية، 2 /2 /2020.

يحيى شمص، "البادية السورية... رمال "داعش" المتحركة وخزان أسـراره"، جريدة النهار العربي اللبنانية، 1 /9 /2021.

ثانياً: باللغات الأجنبية

- **Books**

Aaron Stein, *The US War Against ISIS: How America and its Allies Defeated the Caliphate* (London: I. B. Tauris, 2021).

Adam Baczko, Gilles Dorronsoro, and Arthur Quesany, *Civil War in Syria: Mobilization and Competing Social Orders* (Cambridge: Cambridge University Press, 2018).

Charles Tripp, *A History of Iraq* (Cambridge: Cambridge University Press, 2007).

Emile Hokayem, *Syria's Uprising and the Fracturing of the Levant* (New York: Routledge, 2013).

Fawaz A. Gerges, *ISIS: A History* (Princeton: Princeton University Press, 2016).

Frederic Wehrey, (ed.), *Beyond Sunni and Shia: The Roots of Sectarianism in a Changing Middle East* (Oxford: Oxford University Press, 2017).

Jessica Stern and J. M. Berger, *ISIS: The State of Terror* (New York: Harper Collins Publishers, 2015).

Joby Warrick, *Black Flags: The Rise of ISIS* (New York: Doubleday, 2015).

Klejda Mulaj, (ed.), *Violent Non-state Actors in World Politics* (New York: Columbia University Press, 2010).

Lorenzo Kamel, (ed.), *The Frailty of Authority: Borders, Non-State Actors and Power Vacuums in a Changing Middle East* (Rome: Edizioni Nuova Cultura, 2017).

Lothar brock et al., *Fragile States* (Cambridge: polity Press, 2012).

Mehran Kamrava, (ed.), *Fragile Politics: Weak States in the Greater Middle East* (London: C. Hurst and Co. Publishers, Ltd., 2016).

Michael Weiss and Hassan Hassan, *ISIS: Inside the Army of Terror* (New York: Regan Arts, 2015).

Michael Knights, Hamdi Malik and Aymenn Jawad Al-Tamimi, *Honored, Not Contained: The Future of Iraq's Popular Mobilization Forces* (Washington Dc: The Washington Institute for Near East Policy, March 2020).

Murat Yesiltas and Tuncay Kardas, (eds.), *Non-State Armed Actors in the Middle East: Geopolitics, Ideology, and Strategy* (London: Palgrave Macmillan, 2018).

Natasha Ezrow, *Global Politics and Violent Non-State Actors* (London: Sage Publishers, 2017).

Nikolaos Van Dam, *Destroying a Nation: The Civil War in Syria* (London: I. B. Tauris, 2017).

Omar Ashour, *The De-Radicalization of Jihadists: Transforming Armed Islamist Movements* (London: Routledge, 2009).

Ondrej Filipec, *The Islamic State: From Terrorism to Totalitarian Insurgency* (London: Routledge India, 2020).

Patrick Cockburn, *The Rise of Islamic State: ISIS and the New Sunni Revolution* (New York: Verso Books, 2015).

Phebe Marr and Ibrahim Al-Marashi , *The Modern History of Iraq* (London: Routledge, 2017).

Robert I. Rotberg, (ed.), *State Failure and State Weakness in a Time of Terror* (Washington, D.C.: Brookings Institution Press, 2003).

Robert I. Rotberg, (ed.), *When States Fail: Causes and Consequences* (Princeton: Princeton University Press, 2004).

Tore Bjorgo and John Horgan, (eds.), *Leaving Terrorism Behind: Individual and Collective Disengagement* (London, Routledge, 2008).

Vali Nasr, *The Shi'a Revival: How Conflict within Islam Will Shape the Future* (New York: Norton, 2006).

● **Periodicals**

Benedetta Berti, "What's in a Name? Re-Conceptualizing Non-State Armed Groups in the Middle East," *Palgrave Communications*, Vol. 2, No. 1 (2016).

Beston Husen Arif, "Iran's Struggle for Strategic Dominance in Post - ISIS Iraq," *Asian Affairs*, Vol. 50, No. 3 (2019).

Ellen Policinski and Jovana Kuzmanovic, "Protracted Conflicts: The Enduring Legacy of Endless War," *International Review of the Red Cross*, Vol. 101, No. 912 (2019).

Enrica Fei, "Towards a Shi'a Bloc? The New Gulf After 2003: Shi'a Empowerment and Sectarianism," *Hemisphers*, Vol. 31, No.1 (2016).

Eran Zohar, "A New Typology of Contemporary Armed Non-State-Actors: Interpreting the Diversity," *Studies in Conflict & Terrorism*, Vol. 39, No.5 (2016).

Ersel Aydinli, "Assessing Violent Non-State Actorness in Global Politics: A Framework for Analysis," *Cambridge Review of International Affairs*, Vol. 28, No. 3 (2015).

Fanar Haddad, "A Sectarian Awakening: Reinventing Sunni Identity in Iraq after 2003," *Current Trends in Islamist Ideology*, Vol. 17, August 2014.

Feras Kilani, "A Caliph Without a Caliphate: The Biography of ISIS's New Leader," *New Lines Magazine*, April 15, 2021.

Haroro Ingram and Craig Whiteside, "ISIS's Leadership Crisis: A Vacancy at the Top Threatens the Group's Global Operations," *Foreign Affairs*, February 23, 2022.

Jamel M. Salim, "The Impact of Post - Saddam Iraq on the Cause of Democratization in the Arab World," *International journal of Contemporary Iraqi Studies*, Vol. 6, No.1 (2012).

John G. Horgan , Max Taylor, Mia Bloom & Charlie Winter, "From Cubs to Lions: A Six Stage Model of Child Socialization into the Islamic State," *Studies in Conflict and Terrorism*, Vol. 40, Issue 7 (2017).

Juan Cole, "The united State and Shiite Religious Factions in Post - Baathist Iraq," *Middle East Journal*, Vol 57, No. 4 (Autumn 2003).

Oliver Ramsbotham, "The Analysis of Protracted Social Conflict: A Tribute to Edward Azar," *Review of International Studies*, Vol. 31, No. 1 (2005).

Christian Vianna de Azevedo, "ISIS Resurgence in Al Hawl Camp and Human Smuggling Enterprises in Syria: Crime and Terror Convergence?" *Perspectives on Terrorism*, Vol. 14, No. 4 (August 2020).

Tatiana Zhidkova, "Globalization and the Emergence of Violent Non-State Actors: The Case of Human Trafficking," *New Global Studies*, Vol. 9, No. 1 (2015).

- **Studies and Reports**

Adam Lammon, "The Real Impact of Iran's Ballistic Missile Strike on Iraq," *The National Interest*, March 14, 2022.

Alice Speri, "It's not Sustainable: ISIS Prison Battle Shows Dangers of Indefinite Detention," *The Intercept*, February 14, 2022.

Anchal Vohra, "Rebel-Held Syria Is the New Capital of Global Terrorism, *Foreign Policy*, February 15, 2022.

Andrew Pereira, "Why Terrorist Groups Don't Die," *Statecraft*, February 2, 2022.

Anthony H. Cordesman, "The Real-World Capabilities of ISIS: The Threat Continues," *Commentary*, CSIS, September 9, 2020.

Angel Rabasa ett al., *Deradicalizing Islamist Extremists*, RAND Corporation, 2010.

Antonia Ward, "Do Terrorist Groups Really Die? A Warning," Commentary, *Rand*, April 9, 2018.

Cole Bunzel, "From Paper State to Caliphate: The Ideology of the Islamic State," The Brookings Project on U. S. Relations with Islamic World, *Analysis Paper*, No. 19 (March 2015).

Eleanor Beevor and Flore Berger, "ISIS Militants Pose Growing Threat Across Africa," *Analysis, IISS*, June 2, 2020.

Elian Peltier and Constant Méheut, "Europe's Dilemma: Take In ISIS Families, or Leave Them in Syria?," *The New York Times*, May 28, 2021.

Emin Daskin, "Justification of Violence by Terrorist Organizations: Comparing ISIS and PKK," *Journal of Intelligence and Terrorism Studies*, 2016, 1: #PLV6PE.

Fawaz A. Gerges, "The Islamic State Has Become a Resilient Insurgency," *Foreign Policy*, Foreign Policy, February 7, 2022.

Fund for Peace, *Fragile States Index Annual Report 2021*, 2021.

Gavin Helf, "Central Asia Leads the way on Islamic State Returnees," *United States Institute of Peace*, September 13, 2019.

Georges Fahmi, Manhal Baresh and Rashed al-Othman, "The Remnants of Islamic State in Syria: Military Action Alone Cannot Defeat It," *Policy Brief*, European University Institute, Issue 2021/15, April 2021.

Gregory Gause III, "The Price of Order: Settling for Less in the Middle East," *Foreign Affairs*, March/April 2022.

Haroro J. Ingram and Omar Mohammed, "The Head of ISIS Is a Hypocrite and a Traitor," *Foreign Policy*, Argument, November 19, 2020.

Hassan Hassan," The Sectarianism of the Islamic State: Ideological Roots and Political Context," *Research Paper*, Carnegie Endowment for International Peace, June 2016.

Hassan Hassan, "Keeping up With the Qaradashians: The killing of the ISIS leader Thursday hints at how the terror group has evolved - by returning to its roots," *New Lines Magazine*, February 3, 2022.

Himbervan Kose, "Al-Hawl Camp: A Potential Incubator of the Next Generation of Extremism," *FIKRA FORUM, The Washington Institute*, September 13, 2019.

Hugo Slim and Ariana Lopes Morey, Protracted Conflict and Humanitarian Action: Some Recent ICRC Experiences, *Report*, International Committee of the Red Cross (ICRC), 2016.

Husham Al-Hashimi, "ISIS on the Iraqi-Syrian Border: Thriving Smuggling Networks," *Terrain Assessment, Center for Global Policy*, June 16, 2020.

International Crisis Group, "Iraq's Paramilitary Groups: The Challenge of Rebuilding a Functioning State," *Middle East Report*, No. 188 (30 July 2018.

International Crisis Group, "Exploiting Disorder: Al-Qaeda and the Islamic State," *Crisis Group Special Report*, 14 March 2016.

International Crisis Group, "Contending with ISIS in the Time of Coronavirus," *Commentary*, March 31,2020.

Jacob Zenn, "ISIS in Africa: The Caliphate's Next Frontier," *Special Analysis, Center for Global Policy*, May 26, 2020.

John Saleh, "The Women of ISIS and the Al-Hol Camp," *Fikra Forum*, The Washington Institute for Near east Policy, August 2, 2021.

Karam Shaar, "Taming Syria's Rogue Man," *Sada: Middle East Analysis*, Carnegie Endowment for International peace February 15, 2022.

Katherine Bauer, Matthew Levitt, *and* Aaron Y. Zelin, "After Baghdadi: How the Islamic State Rebounds," *POLICYWATCH 3207*, The Washington Institute, October 28, 2019.

Lina Khatib, "The Islamic State's Strategy: Lasting and Expanding," Carnegie Endowment for International Peace, *Carnegie Middle East Center* (June 2015).

Mario Abouzeid, "ISIS: Terrorism Upgraded," *National Interest,* July 08, 2014.

Mark Scott, "Islamic State Evolves 'Emoji' Tactics to Peddle Propaganda Online," *Politico,* February 10, 2022.

Michael P. Dempsey, "How ISIS' Strategy Is Evolving: What the U.S. Can Do to Counter the Group's Shifting Tactics," *Foreign Affairs,* January 18, 2018.

Michael Eisenstadt, Michael Knights, and Ahmed Ali," Iran's Influence in Iraq: Countering Tehran's Whole-of-Government Approach," *Policy Focus* #111, The Washington Institute for Near East Policy, April 2011.

Mike Giglio and Kathy Gilsinan, "The Inconvenient Truth About ISIS," *The Atlantic,* February 14, 2020.

Mohamed Hassan and Samer al-Ahmed, "A closer look at the ISIS attack on Syria's al-Sina Prison," *Middle East Institute,* February 14, 2022.

Mohammed Hassan, How Have the AAANES's policies contributed to the resurgence of ISIS? *Middle East Institute,* May 5, 2021.

Nagwan Soliman, "The New Jihadists and the Taliban Model," *Sada: Middle East Analysis,* December 2021.

Namrata Goswami, "ISIS in South and Southeast Asia," *Indo - Pacific Forum,* January 27, 2020.

Pasar Sherko, "How Islamic State Ideology Contributes to Its Resilience," *Policy Analysis/ Fikra Forum,* The Washington Institute for Near East Policy, Jul 1, 2021.

Patrick B. Johnston, Mona Alami, Colin P. Clarke, Howard J. Shatz, *Return and Expand? The Finances and Prospects of the Islamic State After the Caliphate* (Santa Monica, Calif.: RAND Corporation, 2019).

Rani Alaaldin, "How Will Iraq Contain Iran's Proxies? *The Atlantic,* February, 2018.

Renad Mansour and Faleh A. Jabar, "The Popular Mobilization Forces and Iraq's Future," *Carnegie Endowment for International Peace,* April 2017.

Sarah Hunaidi, "ISIS Has Not Been Defeated. It's Alive and Well in Southern Syria," *Foreign Policy,* April 3, 2019.

Seth G. Jones, "Beyond Baghdadi: The Next Wave of Jihadist Violence," *Report,* Center for Strategic and International Studies, November 4, 2019.

Shoresh Khani, "Al-Hawl Camp and the Potential Resurgence of ISIS," *FIKRA FORUM, The Washington Institute,* June 29, 2020.

Steven Heydemann, "Not by Counterterrorism Alone: Root Causes and the Defeat of the Islamic State group," *Order from Chaos, Brookings,* February 17, 2022.

Tim Al-Hajj, "The Insurgency of ISIS in Syria." *Sada: Middle East Analysis,* Carnegie Endowment for International Peace, March 15, 2022.

Zachary Abuza and Colin P. Clarke, "The Islamic State Meets Southeast Asia," *Foreign Affairs,* September 16, 2019.

- **Newspapers**

Ben Hubbard, "ISIS, Thriving in Unstable Places, Proves It's Still a Threat, *The New York Times,* January 29, 2022.

Ben Hubbard, Leader's Death Is Another Blow for ISIS, but It's Hardly the End," *The New York Times,* February 5, 2022.

Elian Peltier and Constant Méheut, "Europe's Dilemma: Take in ISIS Families, or Leave Them in Syria?" *The New York Times,* May 28, 2021.

Ellen Francis, Adela Suliman and Miriam Berger, "Who Is the ISIS Leader Killed in the U.S. Raid? Here's What to Know about Qurayshi and Northern Syria," *The Washington Post,* February 3, 2022.

Jared Malsin and Benoit Faucon, "Islamic State Plotted Comeback Long Before Syria Prison Attack," *The Wall Street Journal,* January 28, 2022.

Louisa Loveluck and Sarah Cahlan, "Prison Break: ISIS Fighters Launched a Brazen Attack to Free Their Comrades," *The Washington Post,* February 3, 2022.

Michael Crowley and Edward Wong , "Ukraine War Ushers In 'New Era' for U.S. Abroad," *The New York Times,* March 12, 2022.

Rukmini Callimachi, "Described as Defeated, Islamic State Punches Back with Guerrilla Tactics," *The New York Times,* January 21, 2019.

Rukmini Callimachi, "ISIS Caliphate Crumbles as Last Village in Syria Falls," *The New York Times,* March 23, 2019.

نبذة عن المؤلف

الدكتور حسنين توفيق إبراهيم علي حاصل على درجتي الماجستير والـدكتوراه في العلوم السياسية من كلية الاقتصاد والعلوم السياسية بجامعة القاهرة، ويعمل حالياً أستاذاً للعلوم السياسية بجامعة زايـد (دولـة الإمارات العربيـة المتحدة). متخصص في النظم السياسية، مع التركيز على النظم السياسية العربية، تغطي اهتماماته البحثية قضايا التحول الـديمقراطي والمجتمـع المـدني والاقتصاد السياسـي والإسـلام السياسـي والعنـف والإرهاب في العالم العربي، كما يولي اهتماماً خاصاً بالدراسات والشؤون الخليجية.

قام بتأليف وتحرير ونشر العشـرات مـن الكتـب والدراسـات والبحـوث المحكَّمـة باللغتين العربية والإنجليزية، كما يشارك بانتظام في المؤتمرات الدولية المتخصصة، وبخاصة مؤتمرات الجمعية الدولية للعلوم السياسية، ويشارك كـذلك في مناقشـة رسـائل الماجسـتير والدكتوراه، وتحكيم بحوث المتقدمين للترقية إلى درجتي الأستاذ والأستاذ المساعد في عدد من الجامعات العربية، وبالإضافة إلى ذلك، فهو يشـارك بصفة منتظمـة في تقيـيم وتحكـيم البحوث ومخطوطات الكتب المقدمة للنشر في عدد من مراكز البحوث والدوريات العربية والأجنبيـة.

حصل خـلال مسـيرته المهنيـة عـلى عـدة جـوائز، منهـا: الجـائزة الأولى في مسـابقة الدكتورة سعاد الصباح للإبداع الفكري بين الشباب العربي في مجال العلوم الإنسانية لعـام 1992، وجائزة الدولة التشجيعية في مصر في مجـال الدراسـات السياسية والاقتصادية والقانونية لعام 2006 /2007، والجـائزة العربيـة للعلوم الاجتماعيـة والإنسـانية لتشـجيع البحث العلمي لعام 2011 /2012، كما حصل على جائزة جامعـة زايـد للتميـز الأكـاديمي عدة مرات.